KB274133

52강 전체 해설 강의 수록!!

입에서 톡 Talk 시즌3

독학 브라질어 첫걸음

김한철 지음

어학 전문 출판사
문예림에서 만든
입에서 톡 터지는
브라질어!

저 자 김 한 철

한국외대 포르투갈(브라질)어과와 대학원을 졸업하고 브라질 히우그란지두술 연방대학교(UFRGS)에서 언어학박사 학위를 받았다. 한국외대 포르투갈어과 및 국제사회교육원에서 강의하고 있으며, EBS FM에서 『입에서 톡 브라질어』 강좌를 진행하였다. 현재 한국외대 국제사회교육원 포르투갈어 책임교수와 서울대 브라질 연구센터 초빙연구원 및 한국 포르투갈-브라질학회 총무이사로 활동하고 있다. 주요논문으로 「브라질 포르투갈어의 성별 변이형과 사회적 역할의 관계」, 「브라질 실용 포어에 미친 아프리카어의 어휘적 영향」, 「한국인 학습자의 포르투갈어 정관사 사용에 대한 연구」, 「브라질 포르투갈어에 나타난 수 일치의 변이에 대한 연구」, 「포르투갈어 지시사의 특징에 대한 소고」 등이 있고, 저서로는 『실용 브라질어 표현』(2008), 『우리말로 배우는 브라질어 회화』(2009), 『봉지아 브라질(공저)』(2010), 『싱싱 브라질어 첫걸음』(2012), 『브라질어 회화사전』(2013) 등이 있다.

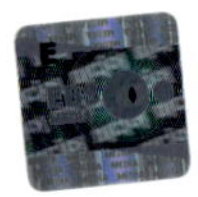

입에서 톡 독학 브라질어 첫걸음

초판 3쇄 인쇄 2024년 11월 25일
초판 3쇄 발행 2024년 12월 10일

지은이 김한철
펴낸이 서덕일
펴낸곳 도서출판 문예림

출판등록 1962.7.12 (제406-1962-1호)
주소 경기도 파주시 회동길 366 3층 (10881)
전화 (02)499-1281~2 **팩스** (02)499-1283
전자우편 info@moonyelim.com **홈페이지** www.moonyelim.com
문의사항 카카오톡 '도서출판 문예림' 검색 후 문의

ISBN 978-89-7482-756-4-(13790)

MP3 파일은 문예림 홈페이지 자료실에서 무료 다운로드 가능합니다.

머 리 말

　광활한 영토와 거대한 인구가 각각 세계 5위인 브라질에 대한 관심은 이제 세계적인
추세이다. BRICs의 한 축을 이루고 있는 브라질에 대한 평가는 세계의 곡물창고, 세계
광물의 보고, 자원 부국 신흥시장, 중남미 최대의 소비시장 등 매우 매력적이다. 이젠 브
라질에 대한 중요성에 발맞춰 브라질에서 사용하는 포르투갈어(포어)의 교육과 학습에
더욱 박차를 가하여야 할 시점이다.

　원래 포어는 라틴어에서 파생되어 현재 대표적으로 브라질, 포르투갈, 앙골라, 모잠
비크 등지에서 사용되고 있다. 그 중 브라질의 포어는 기존의 유럽식 포어와 비교하여
볼 때, 브라질 원주민 언어인 뚜삐어, 흑인 노예 수입으로 들어온 아프리카어 및 독일,
이탈리아, 아시아 등지에서 온 무수한 이민자들의 언어적 영향으로 발음, 문법, 어휘 등
에서 광범위하게 다양한 변화를 거치며 새롭고 풍성하게 형성되었다. 따라서 브라질에
서 쓰이는 언어를 언어학자들은 단순히 포어가 아니라 '브라질 포어' 라고 일컬어 유럽
식 포어와 구분 짓고 있다. 본 교재도 브라질 포어란 의미에서 '브라질어' 라는 명칭도
사용하였다.

　본 교재는 브라질 포어를 처음 배우는 초보자부터 브라질에 체류하거나 여행하려는
분들을 대상으로 만들어졌으며, 브라질에 도착한 Beto라는 한국인이 브라질에서 겪을
수 있는 상황을 18개의 테마, 총 52강으로 구성하였다. 기본 대화(Diálogo)를 중심으로
어휘(Vocabulário)와 표현설명(Expressão)에 덧붙여 관련문법정리(Sistematização),
관련어휘 및 표현정리(Psiu)를 통하여 실제 회화에 대한 자신감과 상황에 따른 대처능력
도 갖게 하였다. 각 강의 마지막 페이지에는 브라질 현지에서 촬영한 사진들과 함께 문
화정보(Informação cultural)를 제공함으로써 브라질 사회와 문화를 이해하고 궁극적
으로 언어 학습에 도움을 주고자 하였다. 더불어 독학하는 분들의 이해를 돕기 위해 각
본문의 음가를 초보자 용으로 적절하게 한글로 표기하여 첨부하였다.

　광활한 브라질 현지를 직접 돌아다니며 촬영하고 부딪치며 얻은 생생한 최신 정보들
이 가득 담긴 본 교재의 학습을 통하여 현지인들과 브라질 포어로 적절히 의사소통하고
나아가 현지에서 생활하는 데 조금이나마 기여할 수 있게 되길 기대하며, 또한 아직까지
전략어 혹은 특수어로 여겨지는 포어가 우리 국민들에게 좀 더 친숙하고 대중적인 언어
로서 다가갈 수 있게 되길 바란다.

　마지막으로 브라질 현지의 따가운 햇볕 아래서도 최선을 다해 촬영에 힘써 주신 EBS
김성숙PD님의 열정에 감사 드리며, 교재의 제작을 위해 끝까지 힘써 주신 문예림의 서
덕일사장님께도 감사 드린다. 그리고 항상 사랑과 용기를 주시는 부모님, 언제나 곁에서
현명하게 내조해주는 아내 이경선과 매일 큰 웃음을 주는 귀염둥이 아들 정주에게도 이
지면을 빌어 무한한 애정의 마음을 듬뿍 전하고 싶다.

2013년 10월

김 한 철

Í . N . D . I . C . E

🐚 브라질(포르투갈)어의 알파벳

대문자	소문자	명칭 (한글음역)	음가
A	a	a (아)	아
B	b	be (베)	ㅂ
C	c	ce (쎄)	ㄲ, ㅆ
D	d	de (데)	ㄷ, ㅈ
E	e	e (에)	에, 이
F	f	ɛfi (애피)	ㅍ
G	g	ʒe (줴)	ㄱ, ㅈ
H	h	aga (아가)	묵음
I	i	i (이)	이
J	j	ʒota (죠따)	ㅈ
K	k	ka (까)	ㄲ
L	l	ɛli (앨리)	ㄹ, 우
M	m	emi (에미)	ㅁ, ㅇ
N	n	eni (에니)	ㄴ, ㅇ
O	o	o (오)	오, 우
P	p	pe (뻬)	ㅃ
Q	q	ke (께)	ㄲ
R	r	ɛRi (애히)	ㅎ, ㄹ
S	s	ɛsi (애씨)	ㅆ(ㅅ), ㅈ
T	t	te (떼)	ㄸ, ㅉ
U	u	u (우)	우
V	v	ve (베)	ㅂ
W	w	dablyu (다블류)	ㅂ
X	x	ʃis (쉬스)	쉬, ㅈ, ㅆ(ㅅ), ㄱㅆ
Y	y	ipsilõ (입실롱)	이
Z	z	ze (제)	ㅈ, ㅅ

1. 브라질(포르투갈)어의 알파벳은 기존에 우리가 알고 있는 영어의 알파벳과 같은 형태로 말음만 다르다.

2. 브라질(포르투갈)어는 발음기호 없이 발음규칙에 의거하여 모든 단어를 발음한다.

3. k, w, y은 외래어 알파벳으로 고유명사나 약자에만 쓰인다.

🐚 브라질(포르투갈)어의 발음

▬ 1. 모음
– 기본적으로 다섯 개의 모음 a, e, i, o, u 가 음가 그대로 발음된다.
– 하지만, 강세가 없는 e와 o(특히 단어 끝에서)는 발음이 약해져 [이]와 [우]로 발음된다.

    a [아] caneta 까네-따 (펜)
    e [에] bebida 베비-다 (음료)
    e [이] nome 노-미 (이름)
    i [이] idade 이다-지 (나이)
    o [오] agora 아고-라 (지금)
    o [우] banco 방-꾸 (은행)
    u [우] uva 우-바 (포도)

– **이중모음**
    a, e, o를 강모음, i, u 를 약모음이라 하는데, 강모음+약모음 혹은 약모음+약모음의 순서로 쓰일 때 두 개의 모음을 하나의 모음으로 간주하여 강세는 앞 모음에 있다.
    caixa 까-이샤 (상자), janeiro 쟈네-이루 (1월), coisa 꼬-이자 (사물), causa 까-우자 (원인), couro 꼬-우루 (가죽), muito 무-이뚜 (매우)

한편, 동사의 어미변화에는 이중모음이 적용되지 않는다. ex) viajou, correu, dormiu etc.

▬ 2. 자음
– b, f, h, j, k, p, q, v, w, y 는 단 한 가지 음가만을 갖는다.
– c, d, g, l, m, n, r, s, t, x, z 는 위치에 따라 두 가지 이상의 음가를 갖는다.
– 특히, 브라질 포어에서는 d, t에서 구개음화가 나타난다.

b [ㅂ] 영어의 b 발음에 해당한다.
    banana 바나-나 (바나나)

c [ㄲ, ㅆ]
    ca, co, cu, que, qui는 [까], [꼬], [꾸], [께], [끼]로 발음한다.
    caqui 까끼- (감), coreano 꼬레아-누 (한국인)
    ça, ço, çu, ce, ci는 [싸], [쏘], [쑤], [쎄], [씨]로 발음한다.
    açúcar 아쑤-까르 (설탕), cerveja 쩨르베-쟈 (맥주)

d [ㄷ, ㅈ]
    da, do, du는 [다], [도], [두]로 발음한다.
    dona 도-나 (부인)
    브라질 포어에서 di는 [지]로 발음한다.
    dinheiro 징예-이루 (돈)
    브라질 포어에서 de는 어미에서 [지], 어두나 중간에서 [데]나 [지]로 발음한다.
    tarde 따-르지 (오후), depois 데뽀-이스, 지뽀-이스 (다음에)

f [ㅍ] 영어의 f 발음에 해당한다.
favela 파벨-라 (빈민촌)

g [ㄱ, ㅈ]
ga, go, gu, gue, gui는 [가], [고], [구], [게], [기]로 발음한다.
garrafa 가하-파 (병), guerra 게-하 (전쟁)
ja, jo, ju, ge, gi는 [쟈], [죠], [쥬], [졔], [쥐]로 발음한다.
giz 쥐-스 (분필), gente 졩-치 (사람)
cf. gu, qu 다음에 e, i가 오면 u는 묵음이다.

h [묵음] 발음하지 않는다.
hotel 오떼-우 (호텔)
cf. h가 ch, lh, nh에서 쓰일 때, ch는 [쉬]로 발음, lh 와 nh에서 h는 [이] 발음을 첨가해서 발음한다.
chave 샤-비 (열쇠), filho 필-류 (아들), banho 방-유 (목욕)

j [ㅈ] 영어의 [3] '쥐' 발음에 해당한다.
jovens 죠-벵스 (젊은이들)

k[ㄲ] 된소리(경음)로 발음한다.
Kamila 까밀-라 (여자 이름)

l [ㄹ, 우]
기본적으로 ㄹ 발음이다.
laranja 라랑-쟈 (오렌지)
브라질 포어에서는 음절 끝의 l 이 반모음화되어 u 로 발음한다.
almoço 아우모-쑤 (점심식사)

m [ㅁ, ㅇ]
기본적으로 ㅁ 발음이다.
menina 메니-나 (소녀)
음절 끝에 올 때는 콧소리(비음)로 발음한다.
samba 쌍-바 (삼바)

n [ㄴ, ㅇ]
기본적으로 ㄴ 발음이다.
nove 노-비 (9)
음절 끝에 올 때는 콧소리(비음)로 발음한다.
anjo 앙-쥬 (천사)

p [ㅃ] 된소리로 발음한다.
padre 빠-드리 (신부)

q [ㄲ] 된소리로 발음한다.
quarto 꽈-르뚜 (침실)

r [ㅎ, ㄹ]
어두에 올 때나 rr로 쓸 때는 ㅎ 발음한다.
rua 후-아 (길), carro 까-후 (자동차)
모음과 모음 사이에서는 ㄹ 발음하고, 영어처럼 혀를 굴리지 않는다.
barato 바라-뚜 (싼)

s [ᄊ(ㅅ), ㅈ]

어두, 어미에 올 때나 ss로 쓸 때는 ᄊ(ㅅ) 발음한다.
sabonete 싸보네-치 (비누), sucesso 수쎄-쑤 (성공)
모음과 모음 사이에 올 때는 ㅈ[z] (ㅅ과 ㅈ의 중간) 발음한다.
mesa 메-자 (탁자)

t [ㄸ, ㅉ]

ta, to, tu는 [따], [또], [뚜]로 발음한다.
todo 또-두 (모든)
브라질 포어에서 ti는 [치]로 발음한다.
time 치-미 (팀)
브라질 포어에서 te는 어미에서 [치], 어두나 중간에서 [떼]나 [치]로 발음한다.
noite 노-이치 (밤), teatro 떼아-뜨루, 치아-뜨루 (연극)

v [ㅂ] 영어의 v 발음에 해당한다.
vaga 바-가 (빈자리)

w [ㅂ] v 발음과 일치한다.
Wagner 바-기네르 (남자 이름)

x [쉬, ㅈ, ᄊ(ㅅ), ㄱᄊ]

네 가지 음가로 발음된다.
[쉬]로 발음되는 경우 : xadrez 샤드레-스 (체크무늬), peixe 뻬-이쉬 (생선)
ㅈ[z]로 발음되는 경우 : exame 에자-미 (시험), exemplo 에젱-쁠루 (예)
ᄊ(ㅅ)로 발음되는 경우 : próximo 쁘로-씨무 (다음의), excelente 에쎌렝-치 (탁월한)
ㄱᄊ[ks]로 발음되는 경우 : táxi 딱-씨 (택시), anexo 아넥-쑤 (첨부)

y [이] i 모음처럼 발음한다.
Yara 야-라 (여자 이름)

z [ㅈ, ㅅ]

어두에 올 때나 모음과 모음 사이에 올 때는 ㅈ[z] 발음한다.
zero 제-루 (0), beleza 벨레-자 (아름다움)
어미에 올 때는 ㅅ 발음한다.
voz 보-스 (목소리)

▬▬ 3. 강세

(1) 일반적으로 강세는 뒤에서 두 번째 음절에 온다.
restaurante 헤스따우랑-치 (식당)

(2) l, n, r, x, z, i, u, is, us, im, om, um, ins, ons, uns로 끝나는 단어는 마지막 음절에 강세가 온다.
Brasil 브라지-우 (브라질), professor 프로페쏘-르 (교수), arroz 아호-스 (쌀), abacaxi 아바까
쉬- (파인애플), Iguaçu 이과수- (이과수), jardim 쟈르징- (정원), comum 꼬뭉- (보통의)

(3) 위의 규칙에 해당되지 않는 단어는 단어 자체에 강세 표시가 있다.
você 보쎄- (당신), móvel 모-베우 (가구), televisão 뗄레비저-옹 (TV)

비행기에서 내려다 본 상파울루

TEMA 1

01 안녕하세요!   02 잘 지내요?   03 고맙습니다.

Beto, 브라질 사람들을 만나다. ※ 브라질에 도착한 Beto는 처음 보는 사람 및 알던 사람들과 인사를 한다. 참 친절하게 대해주는 브라질 사람들!

안녕하세요! **Bom dia!**
봉　　　지아

1
Lição

하루의 때에 따라 각기 다른 인사말과 기본적인 인사말을 알아두자.

🎧 Diálogo

A : Boa tarde, Ana.
　　보아　따르지　아나
B : Boa tarde, Beto.
　　보아　따르지　베뚜

A : Bom dia, senhora.
　　봉　　지아　씽요라
B : Bom dia, senhor.
　　봉　　지아　씽요르

A : Boa noite, dona Inês. Como vai?
　　보아　노이치　도나　이네스　꼬무　바이
B : Bem, obrigada, e você?
　　벵　　오브리가다　이 보쎄
A : Bem, obrigado.
　　벵　　오브리가두

🔵 Vocabulário

bom/boa 좋은

dia (m) 날, 하루

tarde (f) 오후

noite (f) 저녁, 밤

senhor(a) ~씨, ~님, 선생님/ ~여사, 사모님

dona (f) 부인

como 어떻게

ir 가다(vai는 3인칭단수 현재)

bem 잘, 좋게

obrigado/a 고맙습니다

e 그리고

você 너, 당신

A : 안녕, 아나.

B : 안녕, 베뚜.

A : 안녕하세요, 사모님.

B : 안녕하세요, 선생님.

A : 안녕하세요, 이네스 부인. 어떻게 지내세요?

B : 잘 지내요, 고마워요, 당신은요?

A : 잘 지내요, 고마워요.

⊙• Expressão

✎ 하루의 때에 따라 각각의 인사말이 있다.

Bom dia.   아침인사
Boa tarde.   점심인사
Boa noite.   저녁인사

✎ senhor와 senhora는 윗사람을 존칭하는 역할을 한다.

Senhor(=Sr.) Mr.
Senhora(=Sra.) Mrs.
Senhorita(=Srita) Miss

✎ Como vai?

'어떻게 지내요?' 의 일반적인 표현이다.
= Como está?
= Como passa?

✎ e você?

e(그리고)와 você(당신)을 함께 써서 '당신은요(영어의 and you?)' 에 해당하는 표현이다.

◉ Sistematização

✎ 성수의 일치

포어의 명사는 남성과 여성, 단수와 복수로 구분되며 명사를 수식하는 형용사는 성수에 맞게 일치시켜 써줘야 한다.

bom dia : 남성명사 dia를 수식할 때는 남성형용사 bom으로.
boa tarde/noite : 여성명사 tarde/noite를 수식할 때는 여성형용사 boa로.

bom homem	좋은 남자
boa mulher	좋은 여자
bom menino	좋은 소년
boa menina	좋은 소녀
bom carro	좋은 차
boa casa	좋은 집

✎ 감사의 표현을 할 때는?

말하는 사람의 성에 따라 다르게 말한다.
말하는 사람이 남자이면 Obrigado!
말하는 사람이 여자이면 Obrigada!

◉ Psiu

✎ 기본적인 인사말

안녕!	Oi!/Olá!
어떻게 지내?	E aí?
잘 지내요?	Tudo bem?/Tudo bom?
잘 지내요.	Tudo (bem)./Tudo (bom).
그저 그래요.	Mais ou menos./Assim assim.
어서 와요, 환영해요.	Bem-vindo/a.

포르투갈어(포어)는 라틴어에서 파생되었다. 현재 4개 대륙, 즉 남미의 브라질, 유럽의 포르투갈, 아프리카의 앙골라, 모잠비크, 까부베르지, 기네비소, 성또메이쁘린시삐, 아시아의 고아지방과 동티모르 등에서 사용되고 있다. 그 중 브라질의 포어는 기존의 유럽식 포어와 비교하여 볼 때, 브라질 원주민 언어인 뚜삐어, 흑인 노예 수입으로 들어온 아프리카어 및 독일, 이탈리아 등지에서 온 무수한 이민자들의 언어적 영향으로 발음, 문법, 어휘 등의 사용측면에서 다양한 변화를 거치며 형성되었다. 광활한 영토(한반도의 약 38배, 남한의 약 85배)와 거대한 인구(약 2억 명)가 각각 세계 5위를 차지하고 있는 브라질은 세계의 곡물창고, 세계광물의 보고로 불리는 중남미 최대의 소비시장이고 자원 부국 신흥시장이다. 이와 같은 브라질의 잠재력과 함께 브라질 포어의 중요성이 점차 부각되고 있다.

Português Brasileiro do Mundo

세계 속의 브라질 포르투갈어

〈사진〉 현지의 대학교(USP, UFRGS)와 대학생들

잘 지내요? **Tudo bem?**
뚜두   벵

2
Lição

격식 없이 나누는 대중적인 인사말과 헤어질 때의 표현들을 잘 알아두자.

 Diálogo

A : Oi, Laura.
오이 라우라

B : Olá, Beto.
올라   베뚜

A : Tudo bem?
뚜두   벵

B : Tudo bom, e você? Como é que está?
뚜두   봉   이 보쎄   꼬무   에 끼   이스따

A : Bem. Até amanhã.
벵   아떼 아망양

B : Até amanhã. Tchau.
아떼 아망양   챠우

Vocabulário

oi/olá 안녕(만났을 때)

tudo 모든 것

estar 상태표현(está는 3인칭단수 현재)

até ~까지

amanhã 내일

tchau 안녕(헤어질 때)

A : 안녕, 라우라.

B : 안녕, 베뚜.

A : 잘 지내?

B : 잘 지내, 너는? 어떻게 지내?

A : 잘 지내. 내일 보자.

B : 내일 보자. 안녕.

◯• Expressão

✓ Oi/Olá!

격식 없이 때를 가리지 않고 아무 때나 가볍게 할 수 있는 대중적인 인사말이다.

✓ Tudo bom?/Tudo bem?

잘 지내냐고 물어보는 가장 일반적인 표현. 이런 경우 형용사 bom이나 부사 bem 어떤 것을 써도 상관없다. 대부분 잘 지낸다고 답하는 게 일반적이기에 대답은 물음과 똑같이 대답하면 된다. 실제 회화에서는 뒤의 bom이나 bem을 생략한 채 Tudo라고만 답하는 경우가 빈번하다.
－Tudo bom?/Tudo bem?
－Tudo (bom)./Tudo (bem).

✓ Como é que está?

é que는 특별한 의미를 부여함 없이 단순히 강조해주는 역할을 한다. 그러므로 é que가 없어도 문장구성에는 전혀 지장이 없지만 실제 회화에서 é que는 상당히 많이 사용된다.
= Como é que vai?
= Como é que passa?

✓ Até amanhã. Tchau.

Tchau는 헤어질 때 쓰는 가장 일반적인 표현이다. 한편 특정한 시기를 지정하여 '~에 보자'라고 할 때는 전치사 até(~까지)를 앞에 쓴다. 따라서 Até amanhã은 '내일 보자'의 의미이다.

◎• Sistematização

✎ estar동사의 현재형

	단수	복수
1인칭	estou	estamos
3인칭	está	estão

✎ estar동사의 기본용법

estar동사는 변할 수 있는 상태를 나타내며 ser 동사와 함께 영어의 be동사에 해당한다.

(1) 신체적 상태 : Eu estou muito doente agora.　　나는 지금 매우 아프다

(2) 정신적 상태 : Você está livre hoje?　　넌 오늘 한가하니?

(3) 움직일 수 있는 것 : Onde está o Rafael?　　하파엘은 어디 있어요?

(4) 상대적인 시간 : Está tarde para sair.　　나가기엔 늦었다.

◎• Psiu

✎ 헤어질 때 쓰는 다양한 표현

좀 있다 봐요.	Até logo.	잘 자요.	Boa noite.
좀 있다 봐요.	Até já.	주말 잘 보내요.	Bom fim de semana.
다음에 또 봐요.	Até mais.	휴가 잘 보내요.	Boas férias.
다음 번에 봐요.	Até a próxima.	여행 잘 다녀와요.	Boa viagem.
		영원히 안녕.	Adeus.

일요일에 봐요.	Até o domingo.
금요일에 봐요.	Até a sexta(-feira).
다음 주에 봐요.	Até a semana que vem.
다음 달에 봐요.	Até o mês que vem.
내년에 봐요.	Até o ano que vem.

Cumprimentos

인사방식

Informação cultural

브라질에서는 볼 인사를 한다. 즉 베이징유(Beijinho)라 하여 남녀 간이나 여자끼리 하는 인사로 만나거나 헤어질 때 서로의 볼 양쪽에 가벼운 키스를 하며 입으로 소리를 내는 표현방식이다. 지역에 따라 한번 내지 두 번 하며, 남녀 중 한쪽이 미혼이면 결혼의 행운을 바라는 의미에서 세 번 하기도 한다. 반면 남자끼리는 강하게 악수하며 서로의 어깨를 두드려주는 방식이 일반적이다. 이처럼 만나는 순간부터 브라질 사람들과는 친근함을 듬뿍 느낄 수 있다.

고맙습니다. **Obrigado.**
오브리가두

3
Lição

'실례합니다' 부터 '반갑습니다' 까지. 그리고 다양한 감사의 표현과 사과의 표현에 대하여 알아두자.

🎧 Diálogo

A : Com licença! Você não é Patrícia?
꽁　리쎙싸　보쎄 너웅 에 빠뜨리씨아

B : Sou, sim. Quem é?
쏘우 씽　껭　에

A : Sou Beto, amigo do Paulo.
쏘우 베뚜　아미구　두 빠울루

B : Ah, desculpe! Muito prazer, Beto.
아　지스꾸우삐　무이뚜　쁘라제르　베뚜

A : O prazer é meu. Obrigado pelo convite.
우 쁘라제르 에 메우　오브리가두　뻴루　꽁비치

B : De nada.
지　나다

⦿• Vocabulário

com ~와 함께	do ~의(전치사 de + 정관사 o의 축약형)
licença (f) 허가, 허락	muito 매우
não ~아닌, 아니오	prazer (m) 기쁨
sim 예	meu/minha 나의
quem 누구	pelo ~때문에(전치사 por + 정관사 o의 축약형)
ser ~이다(sou는 1인칭단수 현재, é는 3인칭단수 현재)	convite (m) 초대
amigo/a 친구	

A : 실례합니다! 당신 빠뜨리시아 아니에요?

B : 맞는데요. 누구세요?

A : 빠울루 친구, 베뚜에요

B : 아, 미안해요! 반가워요, 베뚜.

A : 저도요. 초대해줘서 고맙습니다.

B : 뭘요.

◉• Expressão

✓ Com licença.

'실례합니다'의 의미로 처음 보는 사람에게 뭔가를 물어볼 때, 혹은 사람들 앞을 지나쳐갈 때 자주 쓰는 표현이다.
= Dê licença.
= Dá licença.

✓ Você não é Patrícia?

포어는 동사 앞에 부정표현을 한다. 동사 뒤에 부정표현을 하는 영어와 헷갈리지 않도록 하자.

✓ Quem é?

'누구에요?'라는 의미로 뒤에 주격인칭대명사나 이름을 붙여 상대방이 누구인지 묻는다.
Quem é você?   당신은 누구세요?
Quem é Marcos?   마르꾸스가 누구에요?
Quem é Carla?   까를라가 누구에요?

✓ Sou Beto, amigo do Paulo.

do는 전치사와 관사의 축약형으로, 전치사 de에 남성정관사 o가 결합된 형태이다.
de+o/a/os/as (정관사)=do/da/dos/das

✓ Obrigado pelo convite.

pelo 역시 전치사와 관사의 축약형으로, 전치사 por에 남성정관사 o가 결합된 형태이다.
por+o/a/os/as (정관사)=pelo/pela/pelos/pelas

✓ Muito prazer.

직역하면 '매우 기쁨'이란 뜻으로 처음 만났을 때 '반갑습니다'라는 표현이다. 그럴 때 답해주는 말로 다음의 표현을 사용하면 된다.
O prazer é meu.   기쁨은 나의 것: 저도 반갑습니다.
Igualmente.   똑같이: 저도 반갑습니다.

◉• Sistematização

✎ ser동사의 현재형

	단수	복수
1인칭	sou	somos
3인칭	é	são

✎ ser동사의 기본용법

ser동사는 변하지 않는 속성을 나타내며 보통 '~이다'로 해석되는 가장 기초적인 동사로 estar동사
와 함께 영어의 be동사에 해당한다.

(1) 국적 : Eles são brasileiros.　　　그들은 브라질사람들이다.

(2) 직업 : Eu sou advogado.　　　나는 변호사다.

(3) 신분 : Nós somos solteiros.　　　우리는 미혼자들이다.

(4) 신체적 특성 : Você é bonita.　　　당신은 예쁘다.

(5) 정신적 특성 : Ele é feliz.　　　그는 행복한 사람이다

(6) 움직일 수 없는 것 : Onde é o banco?　은행이 어디입니까?

(7) 절대적인 시간 : É hora do almoço.　점심시간이다.

◉• Psiu

✎ 다양한 감사의 표현

대단히 감사합니다.	Muito obrigado/a.
여러 가지로 고맙습니다.	Obrigado/a por tudo.
도와줘서 고맙습니다.	Obrigado/a pela ajuda.
친절에 감사 드립니다.	Obrigado/a pela gentileza.
선물 고맙습니다.	Obrigado/a pelo presente.
진심으로 감사합니다	Agradeço de coração.
천만에요.	De nada./Não há de quê.
저야말로 감사 드립니다.	Eu é que agradeço.

✎ 다양한 사과의 표현

죄송합니다.	Desculpe.
유감입니다.	Sinto muito.
용서하세요.	Perdão.
늦어서 죄송합니다.	Desculpe pela demora.
제 잘못이에요.	Foi minha culpa.
괜찮아요.	Não foi nada./Não faz mal.
별거 아니에요.	Não tem importância.
걱정 마세요.	Não se preocupe.

Populaçāo

인구구성

Informação cultural

브라질의 인구는 약 2억 명으로 남미 최대이며 세계 5위이다. 민족 구성을 보면 원래 브라질 땅에 살고 있던 원주민 인디오, 식민지 정복을 위해 브라질로 들어온 포르투갈 백인, 원주민 노동력을 대체하기 위해 온 아프리카 흑인, 그리고 19세기 중반 이후 본격적인 이민으로 유입된 유럽계 및 아시아계, 그리고 그들간의 각종 혼혈이 함께 어우러진 거대한 인종전시장을 이루고 있다.

국립지리통계원(IBGE)의 조사에 따르면, 인종분포는 백인(50%, 포르투갈계, 독일계, 이탈리아계, 스페인계, 폴란드계)이며, 혼혈(43%), 흑인(6%), 기타(1%: 일본계 0.5%, 인디오 0.4%, 아랍계 등) 순으로 나타났으며, 종교는 대부분의 국민이 가톨릭(85%)이고 기독교(11%)가 그 뒤를 이으며 나머지는 기타 종교나 무교이다.

상파울루의 쎄광장(Praça da Sé)에서 춤추는 젊은이들

TEMA 2

04 이름이 뭐에요?   05 어디서 오셨어요?   06 나이가 어떻게 되죠?

신상명세에 대해 물어보다. :: 만난 사람들에게 이름이 뭔지, 출신지가 어딘지, 나이가 어떻게 되는지 물어본다.
그러면 어느 정도 신상파악은 된 셈~

이름이 뭐에요? Qual é o seu nome?

꽈우　에 우 쎄우　노미

4
Lição

Qual와 Como를 사용하여 이름을 묻는 법 및 가족관계에 대하여 알아보고, 주격인칭대명사와 목적격대명사의 사용에 대하여 익히도록 하자.

Diálogo

A : Qual é o seu nome?
꽈우　에 우 쎄우 노미

B : Meu nome é Daniela. E o seu?
메우 노미　에 다니엘라　이 우 쎄우

A : Pode me chamar de Beto.
뽀지 미 샤마르　지 베뚜

B : Beto, quem é ele?
베뚜 껭　에 엘리

A : Ele é meu filho.
엘리 에 메우 필류

B : Como é o nome dele?
꼬무　에 우 노미　델리

A : O nome dele é Juca.
우 노미　델리 에 쥬까

Vocabulário

qual 어느, 어떤 것	chamar 부르다
ser ~이다(é는 3인칭단수 현재)	ele 그
seu/sua 너의, 당신의	filho/a 아들, 딸
nome (m) 이름	como 어떻게
poder 할 수 있다(pode는 3인칭단수 현재)	dele 그의(전치사 de＋주격인칭대명사 ele의 축약형)
me 나를, 나에게	

A : 이름이 뭐에요?

B : 내 이름은 다니엘라에요. 당신은요?

A : 베뚜라고 부르면 되요.

B : 베뚜, 저 사람은 누구에요?

A : 내 아들이에요.

B : 아들 이름이 어떻게 되죠?

A : 아들 이름은 주까에요.

◉• Expressão

🖌 Qual é o seu nome?

우리 말로도 '이름이 어떻게 되죠?' 라고 하듯 Como é o seu nome? 라고도 물을 수 있다. 여기
서 정관사 (o, a)는 선택적으로 써도 되고 안 써도 된다.

🖌 Meu nome é Daniela. E o seu?

Meu nome é ~ '내 이름은 ~에요' 에 쓰는 표현이다. E o seu?는 '당신의 (이름은요)?' 라고 묻는
상황이 확실하므로 nome(이름)를 생략하고 사용하였다.

🖌 Pode me chamar de Beto.

poder(~할 수 있다)동사는 영어의 can과 같은 조동사 역할을 한다. 또한 직접목적격대명사 me는
본동사인 chamar 앞에 위치한다. 직역하면 '베뚜라고 나를 부를 수 있다' 인데 '~라고' 의 의미에 전
치사 de를 사용하는 점에 유의하자.

🖌 Como é o nome dele?

제3자의 이름을 물을 때는 dele, dela 형태를 사용한다. 소유격과 달리 이런 형태에서는 명사 앞에
정관사(o, a)를 꼭 사용하도록 한다.

◎• Sistematização

주격인칭대명사

	단수	복수
1인칭	eu (나)	nós (우리)
3인칭	você (너, 당신) ele (그) ela (그녀)	vocês (너희, 당신들) eles (그들) elas (그녀들)

포어에서는 상대방을 일컫는 호칭 você를 문법적으로 3인칭 취급한다. 따라서 상대방이든 제3자든 3인칭 동사변화형태를 사용하면 된다. 사실 포르투갈에서는 많이 쓰이는 tu(너)라는 2인칭 대명사가 존재하긴 하지만 브라질에서는 일부 지역(특히 남부의 히우그란지두술 주)에서만 쓰일 뿐, 대부분의 지역에서는 você의 활용이 절대적이다. 또한 자신보다 연장자인 사람에게 예의를 갖추려면 o senhor, a senhora를 쓰면 된다.

목적격대명사
목적격대명사는 직접목적격과 간접목적격으로 나뉘며 그 형태는 다음과 같다.

	직접목적격(~를)	간접목적격(~에게)
1인칭 단수	me (나를)	me (나에게)
2인칭 단수	te (너를)	te (너에게)
3인칭 단수	o/a (당신을, 그를/그녀를)	lhe (당신에게, 그에게, 그녀에게)
1인칭 복수	nos (우리를)	nos (우리에게)
3인칭 복수	os/as (당신들을, 그들을/그녀들을)	lhes (당신들에게, 그들에게, 그녀들에게)

주격인칭대명사는 2인칭의 의미가 문법적으로 3인칭인 você로 대체되어 쓰인다고 했으나, 목적격대명사의 경우엔 2인칭단수 te의 형태가 자주 사용된다.
또한 실제 회화에서는 3인칭 단수와 복수의 o/a, os/as, lhe, lhes 형태가 잘 사용되지 않으며 '당신을, 그를, 그녀를'의 의미에는 인칭대명사 você, ele, ela를 그대로 쓰고, '당신에게, 그에게, 그녀에게'의 의미는 para você, para ele, para ela와 같이 표현한다.

◎• Psiu

가족관계

pai 아버지 ↔ mãe 어머니
avô 할아버지 ↔ avó 할머니
irmão 형, 오빠, 남동생
    ↔ irmã 누나, 언니, 여동생
marido 남편 ↔ esposa 아내

genro 사위 ↔ nora 며느리
tio/a 삼촌, 고모부, 이모부/
    숙모, 고모, 이모
filho/a 아들/딸
primo/a 사촌
sobrinho/a 조카

neto/a 손자/손녀
sogro/a 시아버지, 장인/
    시어머니, 장모
cunhado/a 처남, 매형, 매제,
형부/형수, 제수, 처형, 처제, 올
케, 시누이

신흥식으로 드나들 사람들은 대가족 제도를 유지해 왔다. 대가족이 유지되는 이유는 경제적인 이유가 크다. 성인이 되어 다들 일터로 나가 경제적인 독립을 시도한다 해도 집세를 따로 내며 거처를 새로이 마련하느니 절약하며 부모님과 함께 사는 형국이다. 친척들과 같이 살거나 세 세대가 함께 사는 경우도 흔하다. 하지만 빈곤층의 가족들은 일자리를 찾아 뿔뿔이 흩어져 사는 경우도 많다. 또한 최근엔 브라질에서도 변화가 일어 같은 도시에 살면서도 가족과 떨어져 독립생활을 하는 경우도 생기고 결혼하면 분가하는 경우가 늘고 있다. 하지만 가족에 대한 깊은 유대감과 믿음이 반영된 생각은 사회 전체에 뿌리내려져 있다.

Família

가족문화

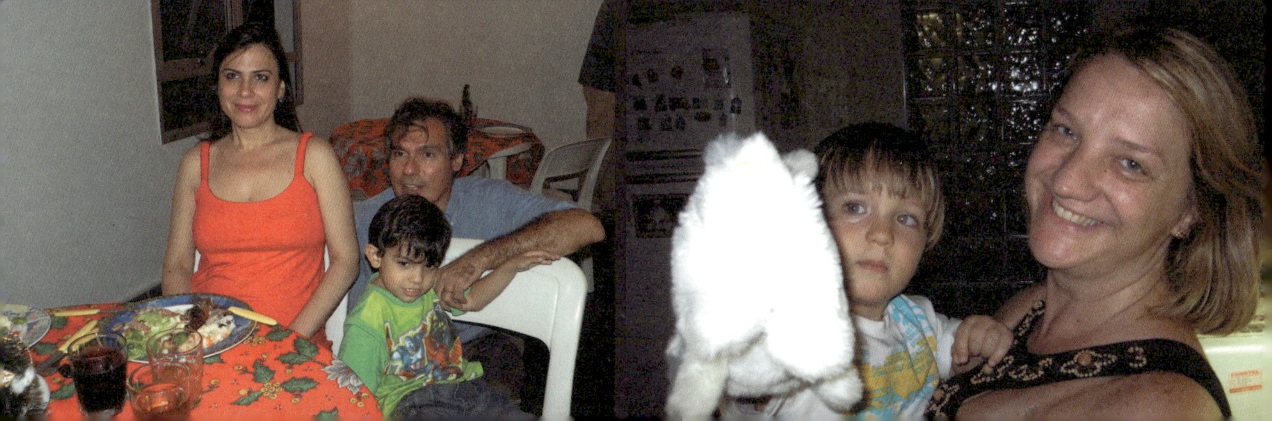

어디서 오셨어요? De onde você é?
지 옹지 보쎄 에

5 Lição

출신지를 묻고 답할 때 국가명과 도시명 앞의 관사 사용에 유의하고 각국의 사람들을 일컫는 어휘들에 대하여 알아두자.

Diálogo

A : Você é brasileira?
보쎄 에 브라질레이라

B : Sim. Sou do Rio de Janeiro.
씽 쏘우 두 히우 지 쟈네이루

A : Então, você é carioca?
잉떠웅 보쎄 에 까리오까

B : É isso. De onde você é?
에 이쑤 지 옹지 보쎄 에

A : Adivinha!
아지빙야

B : Você é do Japão ou da Coreia?
보쎄 에 두 쟈뻐웅 오우 다 꼬레이아

A : Sou coreano.
쏘우 꼬레아누

Vocabulário

brasileiro/a 브라질인
então 그럼, 그러면
carioca 리우데쟈네이루 사람
isso 그것
onde 어디

adivinhar 맞추다, 예상하다(adivinha는 명령형)
Japão (m) 일본
Coreia (f) 한국
coreano/a 한국인

A : 당신은 브라질사람이에요?
B : 예. 리우데자네이루 출신이에요.
A : 그럼, 까리오까군요?
B : 그래요. 당신은 어디서 오셨어요?

A : 맞춰보세요!
B : 일본에서 왔나요 아님 한국에서 왔나요?
A : 한국사람이에요.

◉· Expressão.

🖋 Você é brasileira?

외국인을 처음 만나 어느 나라 사람인지 묻는 표현이다. 의문문의 억양만 취할 뿐 평서문과 어순은 같다. 상대방의 성에 따라 brasileiro/a 를 구분하여 사용한다.

🖋 Sou do Rio de Janeiro.

출신에 대하여 말할 때 ser de 구문을 사용한다. 또한 도시명 앞에는 관사가 붙지 않으나 Rio de Janeiro는 예외적으로 관사가 붙는 점에도 유의하자.

Eu sou de Seul.	나는 서울 출신이다.
Eu sou de São Paulo.	상파울루 출신이다.
Eu sou do Rio de Janeiro.	리우데자네이루 출신이다.

Você é da Coreia?	당신은 한국 출신이에요? (당신은 한국사람이에요?)	
Você é do Brasil?	브라질	브라질사람
Você é de Portugal?	포르투갈	포르투갈사람

한편 국가명 앞에는 남성 혹은 여성 정관사가 붙으나 Portugal은 예외적으로 관사가 붙지 않는 국가이다.

🖋 Então, você é carioca?

Então은 '그럼, 그러면' 등 화제전환용으로 자주 쓰인다.

🖋 De onde você é?

당신은 어디 출신이에요? 즉, '당신은 어디서 오셨어요(De onde você veio?)' 라는 표현이다. 의문문이 되면 전치사 de가 의문사 onde 앞으로 간다. 영어에서는 Where are you from? 처럼 전치사가 의문사 앞으로 가지 않지만, 포어에서는 전치사와 의문사가 붙어 다닌다.

◉•Sistematização

🖊 '−어, −의, −인'의 형태

(1) -ês 형태(~의, ~인이 여성형으로 쓰일 때는 -esa 형태가 됨)

portuguê 포르투갈어, 포르투갈의, 포르투갈인

inglês 영어, 영국의, 영국인

francês 프랑스어, 프랑스의, 프랑스인

japonês 일어, 일본의, 일본인

chinês 중국어, 중국의, 중국인

holandês 네덜란드어, 네덜란드의, 네덜란드인

(2) -no 형태(~의, ~인이 여성형으로 쓰일 때는 -na 형태가 됨)

coreano 한국어, 한국의, 한국인

americano 미국의, 미국인

italiano 이탈리아어, 이탈리아의, 이탈리아인

mexicano 멕시코의, 멕시코인

argentino 아르헨티나의, 아르헨티나인

(3) -o 형태(~의, ~인이 여성형으로 쓰일 때는 -a 형태가 됨)

brasileiro 브라질의, 브라질인

russo 러시아어, 러시아의, 러시아인

suíço 스위스의, 스위스인

grego 그리스어, 그리스의, 그리스인

turco 터키어, 터키의, 터키인

(4) 기타

alemão 독일어, 독일의, 독일인 − 여성형은 alemã

espanhol 스페인어, 스페인의, 스페인인 − 여성형은 espanhola

◉•Psiu

🖊 대답에 쓰는 각종 표현

예.	Sim.	바로 그거에요.	É isso mesmo. / É isso aí.
아니오.	Não.	정말이에요.	É verdade. / É sério.
절대 아니에요.	Nunca.	당연하죠.	Claro. / Lógico.
아니오, 괜찮아요.	Não, obrigado/a.	맞아요.	Certo. / Exatamente.
물론이죠.	Pois não.	알았어요. 좋아요.	Tá (bom).
그래요.	É isso.		

Estereótipos

브라질 주요지역 사람들의 특색

Informação cultural

- Paulistano/a(상파울루시 사람) : 주로 일에 얽매여 항상 바쁘고 시간에 쫓겨 더 많은 돈을 벌기 위해 살기에 막상 여유가 생겨도 제대로 즐길 줄 모른다.
- Carioca(리우데자네이루시 사람) : 대다수 해변가에서 여유롭게 쉬는 것을 좋아하고 유머와 농담을 잘하고 삶의 여유를 즐긴다.
- Gaúcho/a(히우그란두두술주 사람) : 독일, 이탈리아 등 유럽 이민자의 후손이 많으며 슈하스꾸(churrasco)라는 숯불 바비큐와 쉬마헝(chimarrão)이라는 차를 즐겨 마신다.
- Mineiro/a(미나스제라이스주 사람) : 절약 정신이 지나쳐 구두쇠 소리를 들으며, 말수가 적고 좀처럼 진심을 들어 내지 않는다.

나이가 어떻게 되죠? Quantos anos você tem?
꽝뚜스　　　　아누스　　보쎄　　뗑

6 Lição

나이와 생일을 물어볼 때 동사의 선택에 유의하도록 하고 이제 숫자를 알아두자.

Diálogo

A : Quantos anos você tem?
꽝뚜스　　　아누스 보쎄　뗑

B : Eu tenho vinte e um anos.
에우 뗑유　빙치　이 웅　아누스

A : Quando é o seu aniversário?
꽝두　　　에 우 쎄우 아니베르싸리우

B : É dia 24 de janeiro. Depois de amanhã.
에 지아 빙치 이 꽈뜨루 지 쟈네이루 데뽀이스 지 아망양

A : Ah é? Já vai fazer vinte e dois, né?
아　에 쟈　바이 파제르 빙치　이 도이스 네

B : Pois é. O tempo passa rápido.
뽀이스 에 우 뗑뿌　　빠싸　　하삐두

Vocabulário

quanto/a 얼만큼, 몇	já 이미, 곧
ano (m) 해, 년	ir ~할 것이다(vai는 3인칭단수 현재)
ter 가지다(tenho는 1인칭단수 현재, tem은 3인칭단수 현재)	fazer ~하다, 만들다
quando 언제	né 그렇지?
aniversário (m) 생일	tempo (m) 시간
janeiro (m) 1월	passar 지나가다(passa는 3인칭단수 현재)
depois ~후, ~다음	rápido/a 빠른

A : 나이가 어떻게 되죠?

B : 21살이에요.

A : 생일이 언제에요?

B : 1월 24일이에요. 내일모레요.

A : 아 그래요? 곧 22살이 되겠네요.

B : 그러게요. 시간 참 빠르네요.

◉·Expressão

✐ Quantos anos você tem?

상대방의 나이를 묻는 표현으로 직역하면 '얼만큼의 해(나이)를 가지고 있느냐' 가 된다. Qual é a sua idade?라고 물어도 된다.

✐ Eu tenho vinte e um anos.

현재의 나이를 말할 때는 ter동사를 사용한다. 하지만 맞이할 나이는 fazer동사를 사용한다.
Hoje tenho 21 anos.　　　　오늘은 21살입니다.
Amanhã vou fazer 22 anos.　내일 22살이 됩니다.
나이를 말할 때는 항상 만 나이로 따져야 한다. 그러므로 오늘 21살이고 내일 22살이 된다는 것은 곧 내일 생일을 맞는다는 의미이다.

✐ Já vai fazer vinte e dois, né?

~, né?는 não é?의 줄임말로 언급한 말에 '안 그래?', '그렇지?' 정도의 의미를 부여하는 표현이다.

✐ Pois é.

이 표현은 긍정적인 의미로 상대방의 말에 맞장구 칠 때 자주 사용되며 우리 말의 '그러게 말이야' 의 의미로 보면 된다.

○· Sistematização

🖊 ter, ir, fazer동사의 현재형

	ter(가지다)	ir(가다, ~할 것이다)	fazer(~하다, 만들다)
1인칭 단수	tenho	vou	faço
3인칭 단수	tem	vai	faz
1인칭 복수	temos	vamos	fazemos
3인칭 복수	têm	vão	fazem

🖊 ter, ir, fazer동사의 기본용법

Eu tenho um carro.	나는 차를 한 대 가지고 있다.
Você vai para casa?	너는 집에 가니?
Eles vão estudar na biblioteca.	그들은 도서관에서 공부할 것이다.
Eu faço compras nos fins de semana.	나는 주말마다 쇼핑을 한다.
De manhã, ela sempre faz café.	아침에 그녀는 항상 커피를 만든다.

○· Psiu

🖊 숫자 : 기수

1과 2, 200~900의 백 단위는 남성과 여성 구분이 있음에 유의해야 한다.

o – zero	11 – onze	30 – trinta	200 – duzentos/as
1 – um/uma	12 – doze	40 – quarenta	300 – trezentos/as
2 – dois/duas	13 – treze	50 – cinquenta	400 – quatrocentos/as
3 – três	14 – catorze(quatorze)	60 – sessenta	500 – quinhentos/as
4 – quatro	15 – quinze	70 – setenta	600 – seiscentos/as
5 – cinco	16 – dezesseis	80 – oitenta	700 – setecentos/as
6 – seis	17 – dezessete	90 – noventa	800 – oitocentos/as
7 – sete	18 – dezoito	100 – cem	900 – novecentos/as
8 – oito	19 – dezenove	101 – cento e um/uma	1.000 – mil
9 – nove	20 – vinte		10.000 – dez mil
10 – dez	21 – vinte e um/uma		1.000.000 – um milhão

Festa e Presente

파티와 선물

Informação cultural

브라질 사람들은 파티를 상당히 좋아한다. 공식적인 행사가 아니더라도 어떤 명분이든 만들어 함께 즐길 궁리를 한다. 그래서 '파티'란 의미의 페스따(festa)란 단어는 아주 좋아하면서도 많이 사용하는 말이다. 그들은 금요일 저녁부터 일요일까지 철저히 주말을 즐긴다. 가족 친지와 함께 자그마한 수영장이 딸린 집에서 브라질식 바비큐인 슈하스꾸(churrasco)와 차가운 맥주만 있다면 아늑하고 편안한 파티로 손색이 없다. 만약 집에 초대를 받게 되면 빈손으로 가지 말고 마실 맥주, 포도주, 음료수 혹은 과일 등을 사가는 것이 좋다. 브라질 사람들은 가격에 관계없이 선물 받는 것을 참 좋아한다.

상파울루의 리베르다지(Liberdade) 풍경

TEMA **3**

07 어디에 사세요?   08 전화번호가 어떻게 되죠?

사는 곳과 연락처를 묻다. ∷ 어디에 사는지, 누구와 함께 사는지, 전화번호가 뭔지 물어본다. 맘에 드는 사람이라면
이 정도는 알아둬야지~

어디에 사세요? Onde você mora?

옹지　보쎄　모라

7
Lição

'~에 산다'는 표현에 대해 이해하고, -ar동사의 활용과 의문사를 함께 익히도록 하자.

🎧 Diálogo

A : Onde você mora?
옹지　보쎄　모라

B : Eu moro no Bom Retiro.
에우 모루　누 봉　헤치루

A : É perto daqui?
에 뻬르뚜 다끼

B : É um pouco longe.
에 웅　뽀우꾸　롱지

A : Com quem você mora?
꽁　껭　보쎄 모라

B : Eu moro sozinha. Ainda sou solteira.
에우 모루　쏘징야　아잉다　쏘우 쏘우떼이라

◉ Vocabulário

onde 어디

morar 살다(moro는 1인칭단수 현재, mora는 3인칭단수 현재)

no ~에(전치사 em + 정관사 o의 축약형)

perto 가까이에

longé 멀리에

daqui 여기서

um pouco 조금

sozinho/a 혼자

ainda 아직

solteiro/a 미혼

A : 어디에 사세요?
B : 봉헤치루에 살아요.
A : 여기서 가까워요?
B : 조금 멀어요.

A : 누구와 함께 사세요?
B : 혼자 살아요. 아직 미혼이라서요.

⊙•Expressão

✓ Eu moro no Bom Retiro.

no는 전치사와 관사의 축약형으로, 전치사 em + 남성정관사 o가 결합된 형태이다.
em + o/a/os/as (정관사) = no/na/nos/nas

✓ É perto daqui?

daqui는 '여기에서부터'의 의미이다. É perto와 É longe를 다양하게 사용할 수 있다.

É perto daqui.	여기서 가깝다.
pertinho	아주 가깝다.
bem perto	아주 가깝다.
muito perto	아주 가깝다

✓ É longe daqui.   여기서 멀다.

um pouco longe	조금 멀다.
bem longe	아주 멀다
muito longe	아주 멀다.

✓ Eu moro sozinha. Ainda sou solteira.

여기서는 eu가 여자이므로 sozinha라고 쓴다. 결혼여부와 관련하여 다양한 표현을 알아두자.

Eu sou solteiro/a.	나는 미혼이다.
solteirão	노총각이다.
solteirona	노처녀다.
recém-casado/a	신혼이다.
casado/a	결혼했다.
divorciado/a	이혼했다.

◉ Sistematização

✎ -ar 규칙동사의 현재, 완전과거, 불완전과거형

	현재	완전과거	불완전과거
1인칭 단수	-o	-ei	-ava
3인칭 단수	-a	-ou	-ava
1인칭 복수	-amos	-amos	-ávamos
3인칭 복수	-am	-aram	-avam

falar동사를 예로 들면,

	현재	완전과거	불완전과거
1인칭 단수	falo	falei	falava
3인칭 단수	fala	falou	falava
1인칭 복수	falamos	falamos	falávamos
3인칭 복수	falam	falaram	falavam

✎ 의문사

육하원칙에 근거하여 영어와 비교하여 공부하면 더욱 쉽게 이해할 수 있다. '무엇'을 물을 때는 신상에 관한 질문과 선택적인 상황 '어느(것)'의 의미에 쓰는 Qual도 있음을 알아야 하고, Quanto의 경우 수를 나타낼 때는 성수에 일치해서 써야 함에 유의하자.

누가	Quem	Who
언제	Quando	When
어디서	Onde	Where
무엇, 어느	O que, Qual, Que	What, Which
어떻게	Como	How
왜	Por que	Why
얼만큼(양)	Quanto	How much
얼만큼(수)	Quantos/as	How many

◉ Psiu

✎ 어디에 사는지 말할 때의 표현

상황에 따라 나라에서 거리까지 표현할 수 있다. 전치사와 전관사의 축약형(no, na)은 생략된 단어의 성에 따라 다르게 나타난다.

Eu moro no Brasil.	나는 브라질에 산다	no Bairro Bela Vista.	벨라비스따 구에
no Estado de São Paulo.	상파울루 주에	na (Rua) São Carlos do Pinhal 200.	
em São Paulo.	상파울루 시에		상까를루스두삐냐우거리 200번지에

한국의 브라질 이민은 1963년 2월 12일 최초의 공식 이민단이 브라질의 상투스(Santos)항에 발을 디딘 이후 본격적으로 진행되어 현재 45년의 역사를 지니고 있다. 약 5만 명의 교포가 주로 원단, 의류업종에 종사하면서 상파울루의 일정구역을 중심으로 한인사회를 형성하여 살고 있다. 브라질 사람들은 한국 이민자들에 대하여 가족적 유대가 강하고 문화적 전통을 잘 지키며 근면, 성실하여 사업적으로도 뛰어나다고 생각한다. 현재 한인사회는 상파울루의 봉헤치루(Bom Retiro, 상파울루의 한 bairro로 우리나라의 구(區) 개념) 지역을 중심으로 의류상점은 물론 식당, 슈퍼, 술집, 미용실, 사우나 등이 있어 브라질 속의 작은 한국을 형성하고 있다.

Bom Retiro

상파울루의 한인촌

전화번호가 어떻게 되죠? Qual é o seu número de telefone?
꽈우   에 우 쎄우   누메루   지 뗄레포니

전화번호 읽는 법에 유의하고, -er동사의 활용과 각종 의견표현에 대하여 알아두자.

Diálogo

A : Qual é o seu número de telefone?
꽈우   에 우 쎄우 누메루   지 뗄레포니

B : O da minha casa é 33016894.
우 다 밍야   까자 에 뜨레스 뜨레스 제루 웅 메이아 오이뚜 노비 꽈뜨루

A : Você não tem celular?
보쎄   너웅 뗑   쎌룰라르

B : Claro que tenho.
끌라루 끼   뗑유

A : Quero saber também.
께루   싸베르 땅벵

B : Meu celular é 91239175.
메우   쎌룰라르 에 노비 웅 도이스 뜨레스 노비 웅 쎄치 씽꾸

Vocabulário

número (m) 번호

telefone (m) 전화

meu/minha 나의

casa (f) 집

celular (m) 휴대폰

claro/a 명확한

querer 원하다, ~하고 싶다(quero는 1인칭난수 현재)

saber 알다

também 역시, 또한

A : 전화번호가 어떻게 되죠?　　　　　　　B : 물론 가지고 있죠.
B : 집은 33016894에요.　　　　　　　　A : 그 또한 알고 싶어요.
A : 휴대폰은 없어요?　　　　　　　　　　B : 내 휴대폰은 91239175에요.

⊙•Expressão

✎ O da minha casa é 33016894.

여기서 o는 정관사로 o número를 의미한다. 또한 숫자 6은 meia라고 읽는데 meia duzia(12의 절반, 즉 6)의 의미다. 이렇게 읽음으로써 6이란 숫자 seis가 três, sete, dez 등과 발음상 혼동되는 것을 방지할 수 있다.

✎ Você não tem celular?

브라질에서 일반전화는 telefone라고 하는 반면 휴대폰은 telefone celular을 줄여서 celular이라고 말한다.

✎ Quero saber também.

querer동사는 의사표현을 위해 필수적인 동사로 동사원형 혹은 명사(구)와 함께 사용하면 된다.

Eu quero uma casa.	나는 집 한 채를 원한다.
comprar uma casa.	집 한 채를 사고 싶다.
um suco de laranja.	오렌지주스를 한잔 원한다.
tomar um suco de laranja.	오렌지주스를 한잔 마시고 싶다.
viajar.	여행하고 싶다.
descansar.	쉬고 싶다.

✎ saber 와 conhecer

포어에 '알다' 라는 동사는 두 가지가 있다. '개념적으로 알다' 의 의미에는 saber동사를 사용하고 '경험적으로 알다' 에는 conhecer동사를 사용한다.

Você sabe onde fica o Brasil?	너는 브라질이 어디에 있는지 아니?
Eu conheço o Brasil.	나는 브라질을 안다 (브라질에 가보았다).
Eu sei quem é o presidente do Brasil.	나는 브라질 대통령이 누구인지 안다.
Ele conhece o presidente do Brasil.	그는 브라질 대통령을 안다 (만나보았다).

◉·Sistematização

✎ -er 규칙동사의 현재, 완전과거, 불완전과거형

	현재	완전과거	불완전과거
1인칭 단수	-o	-i	-ia
3인칭 단수	-e	-eu	-ia
1인칭 복수	-emos	-emos	-íamos
3인칭 복수	-em	-eram	-iam

comer동사를 예로 들면,

	현재	완전과거	불완전과거
1인칭 단수	como	comi	comia
3인칭 단수	come	comeu	comia
1인칭 복수	comemos	comemos	comíamos
3인칭 복수	comem	comeram	comiam

◉·Psiu

✎ 의견표현

그렇다고 생각해요.	Acho que sim.
아니라고 생각해요.	Acho que nãéo.
그 사람 이라고 생각해요.	Acho que é ele.
저도 그래요.	Eu também.
좋은 생각이에요.	Boa ideia.
그럴 수 없어요.	Não posso.
원하지 않아요.	Não quero.
당신 말에 일리가 있어요.	Você tem razão.
당신 말에 동감이에요.	Concordo com você.
당신을 믿어요.	Acredito em você.

Liberdade

동양인의 거리, 리베르다지

Informação cultural

1974년 상파울루시에서는 이 거리를 '동양인의 거리' 라고 명명하였다. 원래는 과거 일본인들이 많이 살아 '일본인촌' 이었고 길거리의 빨간색 장식과 등도 일본식임을 알 수 있다. 요즘은 중국인들이 다수 들어와 있는 지역이기도 하다. 길가의 간판들을 보면 일본어, 중국어, 한국어가 혼합되어 있으며 세 나라의 음식이나 식품들을 접하기에도 용이하다. 브라질에서 가장 많은 동양인을 접할 수 있는 곳이라 해도 과언이 아니다.

리우데자네이루의 카니발이 열리는 삼보드로무(Sambodromo)

TEMA 4
09 무슨 일 하세요?   10 직업이 뭐에요?
일과 직업에 대해 묻다. :: 만난 사람들에게 어디서 일하는지, 직업이 뭔지 물어본다. 뭐 하는 사람인지는 알아야
앞으로 대화도 잘 되겠지~

무슨 일 하세요? O que é que você faz?
우　끼　에 끼　보쎄　파스

9 Lição

무슨 일을 하는지... 직업의 명칭과 함께 -ir동사의 활용에 대하여 알아두자.

🎧 Diálogo

A : O que é que você faz?
우 끼 에 끼 보쎄 파스

B : Eu sou dentista.
에우 쏘우 뎅치스따

A : Onde você trabalha agora?
옹지 보쎄 뜨라발랴 아고라

B : Num consultório com um amigo meu.
눙 꽁쑤우또리우 꽁 웅 아미구 메우

Mas vou abrir um novo consultório no Centro.
마스 보우 아브리르 웅 노부 꽁쑤우또리우 누 쎙뜨루

A : O seu marido também é dentista?
우 쎄우 마리두 땅벵 에 뎅치스따

B : Não. Ele trabalha no Ministério da Educação.
너웅 엘리 뜨라발랴 누 미니스떼리우 다 에두까써웅

Ele é funcionário público.
엘리 에 풍씨오나리우 뿌블리꾸

🔵 Vocabulário

o que 무엇	abrir 열다
dentista 치과의사	novo/a 새로운
trabalhar 일하다(trabalha는 3인칭단수 현재)	marido (m) 남편
agora 지금	ministério (m) 정부의 부서
num 함 ~에서(전치사 em+부정관사 um의 축약형)	educação (f) 교육
consultório (m) 진료소	funcionário/a 직원
mas 하지만	público/a 공공의, 대중의

A : 무슨 일 하세요?

B : 나는 치과의사에요.

A : 지금 어디서 일하죠?

B : 내 친구와 함께 진료소에서요. 하지만 시내에 새 진료소를 열거에요.

A : 당신 남편도 치과의사에요?

B : 아니오. 그는 교육부에서 일해요. 공무원이에요.

●· Expressão

✎ O que é que você faz?

직업을 물을 때 Qual é a sua profissão? (직업이 뭐에요?)라고 묻는 것이 정형화된 표현이라면, 이 표현은 '무슨 일 해요?'라고 직업을 간접적으로 묻는 표현이다. Onde você trabalha? (어디서 일해요?) 역시 같은 맥락이다. 한편 여기서 é que는 구문상 없어도 상관없으나 실제 회화에서 자주 사용되므로 무시하진 말자.

✎ Num consultório com um amigo meu.

num은 전치사와 부정관사의 축약형으로, 전치사 em에 남성부정관사 um이 결합된 형태이다.
em+um/uma/uns/umas (부정관사)= num/numa/nuns/numas
de+um/uma/uns/umas (부정관사)= dum/duma/duns/dumas
전치사와 부정관사 결합형의 경우, 브라질 포어는 축약형 대신 각각 따로 쓰기도 한다.

✎ Mas vou abrir um novo consultório no Centro.

vou는 ir(가다)동사의 1인칭단수 현재형이다. 하지만 본래 뜻 이외에, 조동사처럼 동사원형 앞에 붙어서 '~할 것이다'라는 미래시제를 나타낸다.
＊ir+동사원형의 미래시제
　Você vai chegar amanhã?　　　당신은 내일 도착할 거에요?
　Eu vou comprar um carro.　　　나는 차를 한 대 살 것이다.

✎ Ele é funcionário público.

funcionário/a는 일반 회사의 직원인데 público/a가 붙으면 공무원의 의미가 된다.
Ele é funcionário da LG.　　　그는 엘지 직원이다.
Ela é funcionária da Samsung.　　　그녀는 삼성직원이다.
Eu sou funcionário público.　　　나는 공무원이다.

Sistematização

-ir 규칙동사의 현재, 완전과거, 불완전과거형

	현재	완전과거	불완전과거
1인칭 단수	-o	-i	-ia
3인칭 단수	-e	-iu	-ia
1인칭 복수	-imos	-imos	-íamos
3인칭 복수	-em	-iram	-iam

abrir동사를 예로 들면,

	현재	완전과거	불완전과거
1인칭 단수	abro	abri	abria
3인칭 단수	abre	abriu	abria
1인칭 복수	abrimos	abrimos	abríamos
3인칭 복수	abrem	abriram	abriam

Psiu

직업의 명칭

교수	professor(a)	학생	estudante		
판사	juiz/juíza	검사	promotor(a)	변호사	advogado/a
의사	médico/a	치과의사	dentista	간호사	enfermeiro/a
회사원	funcionário/a	공무원	funcionário/a público/a		
은행원	bancário/a	기술자	engenheiro/a	비서	secretário/a
기자	jornalista	운전기사	motorista		
비행기승무원	comissário/a aeromoço/a	식당종업원	garçom/garçonete		
배우	ator/atriz	가수	cantor(a)	화가	pintor(a)
주부	dona de casa	베이비시터	babá	파출부	faxineiro/a

Café

까 페

Informação cultural

'O café deve ser: negro como o demônio, quente como o inferno, puro como um anjo e doce como o amor' (커피란 악마처럼 검고 지옥처럼 뜨거우며 천사처럼 순수하고 사랑처럼 달콤해야 한다). 프랑스작가 탈레랑의 시 「커피예찬」에 나오는 이 말처럼, 브라질 사람들은 방금 거른 커피에 설탕이나 adoçante(감미료)만을 넣어 순수하고 달콤한 커피를 즐긴다. 작은 잔에 마시는 까페징유(cafezinho)를 하루 15잔 가량 마시는 것이 평균이다. 한편 생산량 및 수출에서 세계 1위인 브라질 커피를 마시는 브라질 사람들의 자부심은 대단하다. 2위인 콜롬비아 커피와 비교되는 것 자체를 싫어한다. 오죽하면 허스리하는 사람에게 '너 오늘 콜롬비아 커피 마셨니?' 라고 비꼬아 물기도 한다.

직업이 뭐에요? Qual é a sua profissão?
꽈우　　에 아 쑤아　　쁘로피써웅

10
Lição

신상에 관한 질문에 대하여 정리하고 소유대명사와 자주 사용하는 감탄문에 대하여 알아
두자.

Diálogo

A : Qual é a sua profissão?
꽈우　　에 아 쑤아 쁘로피써웅

B : Eu sou professora de português.
에우 쏘우 쁘로페쏘라　　지　뽀르뚜게스

A : Você dá aula na universidade?
보쎄　　다 아울라 나　우니베르씨다지

B : Não. Eu trabalho no Colégio Santa Inês. E você?
너웅 에우 뜨라발류　누 꼴레쥐우 쌍따　　이네스 이 보쎄

A : Eu sou um apresentador de TV.
에우 쏘우 웅　　아쁘레젱따도르　　지 떼베

B : Que interessante!
끼　　잉떼레쌍치

Vocabulário

profissão (f) 직업

professor(a) 선생님, 교수님

dar 주다(dá는 3인칭단수 현재)

aula (f) 수업

universidade (f) 대학교

colégio (m) 초, 중, 고등학교

apresentador(a) 시회자, 진행사

TV (f) 텔레비전(televisão의 준말)

interessante 흥미로운, 재미있는

A : 직업이 뭐에요?

B : 나는 포어 선생님이에요.

A : 대학교에서 강의를 하나요?

B : 아니오. 산따이네스 학교에서 일해요. 당신은요?

A : 난 TV 사회자에요.

B : 재미있겠네요!

⦿• Expressão

⫟ Qual é a sua profissão?

신상에 관한 모든 질문은 Qual로 통한다! 이름, 국적, 직업, 주소, 전화번호, 메일 등의 개인 신상에 대한 질문은 Qual é ~ ? 구문에 관련된 어휘를 넣으면 된다.
Qual é a sua nacionalidade? (국적)
Qual é o seu endereço? (주소)
Qual é o seu número de telefone? (전화번호)
Qual é o seu e-mail? (이메일)

⫟ Eu sou professor(a) de português.

'포어 선생님' 이란 의미. 브라질에서는 초, 중, 고(colégio), 대학교(universidade)를 망라하여 가르치는 사람을 모두 professor(a)라고 부르기에 대학교수임을 강조하기 위해서는 professor(a) universitário/a라고 구분하여 말한다.

⫟ Você dá aula na universidade?

dar동사는 기본적으로 '주다' 라는 의미를 가지고 있기에 dar aula는 '수업을 해주다', 즉 '강의하다' 라는 의미가 된다.

⫟ Que interessante!

interessante는 '흥미로운, 재미있는' 이란 의미이고, Que 다음에 명사나 형용사를 붙여 감탄문으로 표현하는 방식이다.

Sistematização

소유대명사

소유대명사는 함께 따르는 명사의 성과 수에 따라 형태가 다르므로 성수에 일치시켜서 써야 한다.

	단수	복수
1인칭 (남/여)	meu(s) / minha(s)	nosso(s) / nossa(s)
2인칭 (남/여)	teu(s) / tua(s)	–
3인칭 (남/여)	seu(s) / sua(s)	seu(s) / sua(s)

남성명사 carro의 경우 : meu carro(나의 차), meus carros(나의 차들)
여성명사 casa의 경우 : minha casa(나의 집). minhas casas(나의 집들)

한편, 3인칭 소유격 seu(s), sua(s)의 경우, 문법적으로는 você(s)에 대한 소유격, '당신(들)의' 와 ele(s), ela(s)에 대한 소유격, '그(들)의', '그녀(들)의' 가 모두 가능하나, 실제 회화에서는 você(s)에 대한 소유격의 의미로 주로 사용되고 있다.
seu carro 당신(들)의 차, seus carros 당신(들)의 차들
sua casa 당신(들)의 집, suas casas 당신(들)의 집들

그래서 ele(s), ela(s)에 대한 소유격으로는 명사 뒤에서 dele(s), dela(s) 형태가 쓰이며 이 때 명사 앞엔 정관사를 꼭 써줘야 한다. 주의할 점은 dele(s), dela(s)가 실제 사람의 성에 따라 '그들의', '그녀들의'란 의미로 사용되는 것이므로 명사와 성수를 일치하는 것과 관계없다.
그의 집 a casa dele (○), a casa dela(X)
그녀의 차 o carro dela (○), o carro dele (X)

Psiu

자주 쓰는 감탄문 표현

가장 일반적인 감탄문은 'Que＋명사/형용사!' 이다.

Que chique!	멋진데!	Que engraçado!	우습네!
Que maravilha!	대단해!	Que coisa!	아이 참, 이게 뭐야!
Que legal!	아이 좋아!	Que chato!	짜증나!
Que sorte!	행운이야!	Que vergonha!	창피해!
Que interessante!	재밌는데!	Que pena!	안됐어!
Que saudades!	그리워!	Que sacanagem!	나빠!
Que inveja!	샘 나!	Que calor!	무지 덥네!
Que estranho!	이상하네!	Que frio!	무지 춥네!

Informação cultural

카니발은 16세기에 시작되어 수백 년에 걸쳐 형식이 변화되었고 19세기 들어 그 형식이 정착되었다. 포르투갈에서 사순절 전에 사람들이 뒤엉켜 밀가루, 물 등을 던지며 술과 음식을 즐기던 엔뜨루두(Entrudo)란 행사에서 유래한 것으로 브라질로 건너왔다. 표면적으로 카니발은 사순절 직전에 행해지는 종교행사지만 실제로는 브라질 문화의 다양성과 복합성을 아주 잘 나타내주는 화려한 축제이다. 축제가 열리는 나흘 동안 브라질의 경제는 잠시 멈추고 음악과 춤, 거리의 행렬, 흥에 겨운 술자리가 이어진다. 이 축제를 이끄는 대표적인 리듬 삼바는 아프리카 흑인들이 노예로 끌려와 노동에 혹사당하던 시절 고통을 잊으려고 그들 특유의 가락에 맞추어 추던 것으로 집단적 댄스리듬이었던 삼바는 20세기 초반 도시화되면서 현대적인 정체성을 확립하며 리우데자네이루의 카니발을 통해 세계적으로 인기를 끌게 되었다.

Carnaval

카니발

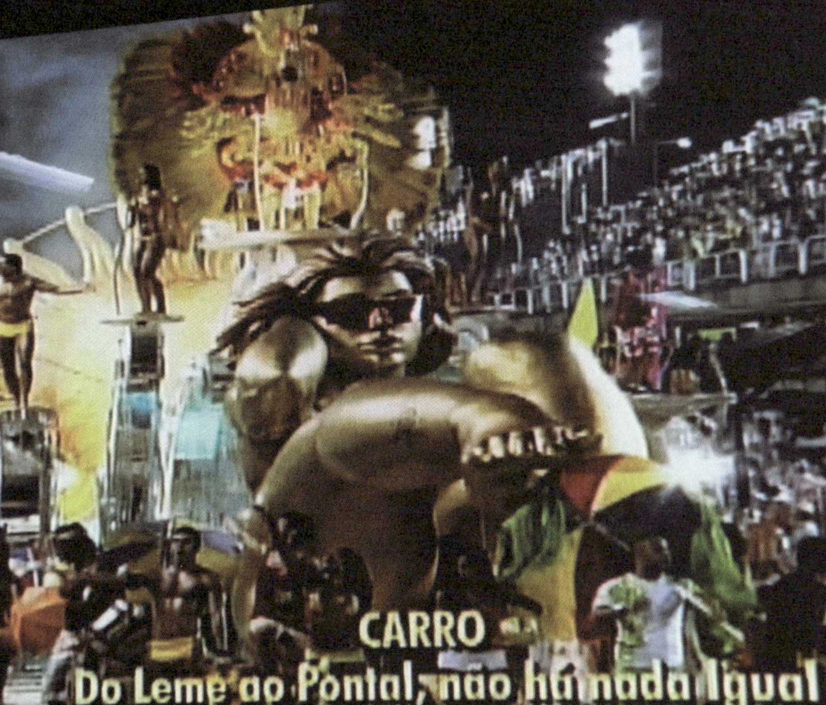

상파울루의 이비라뿌에라 공원(Parque do Ibirapuera) 내의 반데이라스 기념비(Monumento às Bandeiras)

TEMA 5

일상적인 대화를 나누다. ∷ 물건을 보고 그게 뭔지, 또 지금 몇 시인지, 며칠인지, 날씨가 어떤지 물어본다. 일상적인 말 들을 묻고 답하는 건 대화의 기본!

이게 뭐에요? O que é isso?
우 끼 에 이쑤

11
Lição

사물에 대하여 물을 때 사용하는 표현과 함께 지시대명사와 지시부사의 상관관계에 대하여 잘 알아두자.

🎧 Diálogo

A : O que é isso?
우 끼 에 이쑤

B : É um tipo de carteira.
에 웅 치뿌 지 까르떼이라

A : Aquela também é uma carteira?
아껠라 땅벵 에 우마 까르떼이라

B : Não. Aquela é uma agenda.
너웅 아껠라 에 우마 아젱다

A : Como é que posso comprar essa carteira?
꼬무 에 끼 뽀쑤 꽁쁘라르 에싸 까르떼이라

B : Espere um pouco. Vou perguntar lá.
이스뻬리 웅 뽀우꾸 보우 뻬르궁따르 라

⊙• Vocabulário

o que 무엇

isso 이것, 그것

tipo (m) 종류, 타입

carteira (f) 지갑, 증

aquele/a 저(것)

agenda (f) 수첩

comprar 사다

esse/a 이(것), 그(것)

esperar 기다리다(espero는 접속법 명령형)

perguntar 질문하다

lá 저기

A : 이게 뭐에요?

B : 일종의 지갑이에요.

A : 저것도 지갑인가요?

B : 아니오. 저건 수첩이에요.

A : 이 지갑을 어떻게 살 수 있죠?

B : 잠깐 기다리세요. 저기서 물어볼게요.

◎∙ Expressão

✔ O que é isso?

'이것(그것)은 무엇입니까?'의 전형적인 표현이다. 중성지시대명사 isto(이것)과 aquilo(저것)를 활용하여 이 구문을 적절히 활용할 수 있다. 한편 isto 보다는 isso의 사용의 훨씬 많이 나타난다.

O que é isto?　　　　　　　　이것은 무엇입니까?

O que é aquilo?　　　　　　　저것은 무엇입니까?

✔ É um tipo de carteira.

tipo는 영어로 type, kind를 의미. um tipo de ~는 '~ 한 종류'를 언급할 때 사용한다.

✔ Ele está com alguns problemas.　　　그는 어떤 문제들을 가지고 있다.

　–Tipo o quê? (어떤 건데?)

어떤 종류냐고 물을 때 자주 사용하는 Tipo o quê?도 알아두자.

✔ Como é que posso comprar essa carteira?

comprar(사다)는 vender(팔다)와 반의어 관계이다.

Você vai vender isso?　　　　이것 팔 거에요?

Eu vou comprar isso.　　　　내가 살게요.

✔ Vou perguntar lá.

perguntar(질문하다)는 responder(대답하다)와 반의어 관계이다.

Vou perguntar uma coisa para você.　너한테 질문 하나 할게.

Você pode me responder?　　　나한테 대답해줄 수 있어?

◉·Sistematização

✎ 지시대명사(형용사)와 지시부사

지시대명사 겸 형용사(이~, 그~, 저~)는 명사의 성수에 일치하여 써야 한다. 한편 중성지시대명사는 성수에 변화하지 않는다. 지시부사도 관련 지어 알아두자.

지시대명사 겸 형용사(남성/여성)	중성지시대명사	지시부사
este(s) / esta(s) (이, 이것)	isto (이것)	aqui (여기)
esse(s) / essa(s) (그, 그것)	isso (그것)	aí (거기)
aquele(s) / aquela(s) (저, 저것)	aquilo (저것)	ali / lá (저기)

현재 브라질 포어에서는 este와 esse, isto와 isso간의 공간적 구분이 사라져 esse와 isso가 '이~, 이것'의 의미로도 사용되며 este와 isto보다 더욱 빈번하게 사용된다.

◉·Psiu

✎ '잠깐만 기다리세요'의 다양한 표현

esperar 또는 aguardar(기다리다) 동사의 접속법 명령형과 um pouco(조금), um minuto(1분), um momento(한 순간)를 활용한다. 각각에 축소형어미를 붙여 pouquinho, minutinho, momentinho라고 쓰기도 하며 só(단지)를 첨가하여 말하는 것도 좋다. 상황상 '잠깐 기다리라'는 의미가 확실하면 동사를 생략하고 써도 무방하다. 우리 말 '잠깐만요'와 같다.

(Espere) (só) um pouco.
               um pouquinho.
               um minuto.
               um minutinho.
               um momento.
               um momentinho.

(Aguarde) (só) um pouco.
               um pouquinho.
               um minuto.
               um minutinho.
               um momento.
               um momentinho.

브라질의 국기는 축구경기를 통해 많이 접해서인지 우리나라 국민들에게도 매우 친숙하다. 1889년 11월 19일 법령에 의해 정식으로 채택된 브라질 국기는 녹색 바탕 가운데 노란색 마름모형이 있고 마름모 안에 파란색 원형이 있는 모양을 띠고 있다. 원형 안에는 왼쪽 위에서 오른 쪽 아래로 가로 질러 하얀 띠가 있으며 그 안에는 '질서와 진보'(ORDEM E PROGRESSO)라는 문구가 쓰여져 있다. 또한 띠 위의 1개의 별과 띠 아래의 26개의 별은 총 27개 주를 상징한다. 한편 녹색은 브라질의 삼림, 노란색은 지하자원, 파란색은 하늘의 의미를 지니고 있다.

Bandeira do Brasil

브라질 국기

지금 몇 시에요? Que horas são agora?
끼　　오라스　　써웅　　아고라

12 Lição

시간을 말하는 방법에 대하여 확실히 익히고 estar com ~ 표현을 적절히 활용할 수 있도록 잘 알아두자.

Diálogo

A : Que horas são agora?
끼　오라스 써웅 아고라

B : São dez para as oito.
써웅 데스 빠라　아스 오이뚜

A : Estou com fome. A que horas acaba a aula de inglês?
이스또우 꽁　포미　아 끼　오라스 아까바 아 아울라 지 잉글레스

B : Acaba às oito e meia. Eu também estou morrendo de fome.
아까바　아스 오이뚜 이 메이아 에우 땅벵　　이스또우 모헹두　　　지　포미

A : Quando podemos jantar?
꽝두　　　뽀데무스　　장따르

B : Só depois da aula. Não tem jeito.
쏘 데뽀이스 다 아울라 너웅 뗑　제이뚜

Vocabulário

que 무슨

hora(s) (f) 시

para ~로

fome (f) 배고픔

acabar 끝나다, 끝내다(acaba는 3인칭단수 현재)

aula (f) 수업

meio/a 절반의

morrer 죽다(morrendo는 현재분사)

jantar 저녁식사 하다

só 단지

depois de ~다음에

jeito (m) 방법

A : 지금 몇 시에요?
B : 8시 10분전이에요.
A : 배가 고파요. 몇 시에 영어수업이 끝나죠?
B : 8시 30분에 끝나요. 나 역시 너무 배가
　　고파요.

A : 우리가 언제쯤에나 저녁식사할 수 있을
　　까요?
B : 수업 후에나요. 방법이 없네요.

◎• Expressão

✓ Que horas são agora?

현재 시간을 물을 때 쓰는 표현. 같은 의미로 Tem horas?도 있다. Tem horas?를 '시간 있어요?'
로 생각하면 곤란하다. 그럴 때는 Tem tempo?를 사용해야 한다.
Que horas são? = Tem horas? (몇 시에요?)
Tem tempo? = Você está livre? (시간 있어요?)

✓ Estou com fome.

'estar com＋추상명사'는 추상명사의 일시적이고 가변적인 상태를 나타낸다. 따라서 '지금 배가 고
프다'의 의미이다.

✓ A que horas acaba a aula de inglês?

A que horas ～?는 '몇 시에 ～'의 의미. 시간 앞에는 전치사 a를 사용한다.
à 1 hora (1시에)
às 8 horas (8시에)
às 8 e meia (8시 반에)
ao meio－dia (정오에)
à meia－noite (자정에)

✓ Acaba às oito e meia.

às는 전치사 a와 여성정관사 a의 축약형이다.
a＋o/a/os/as (정관사)＝ ao/à/aos/às

✓ Quando podemos jantar?

cada refeição(각각의 식사)은 다음과 같이 표현한다.
café da manhã (m) 아침식사 tomar café da manhã 아침식사하다
almoço (m) 점심식사 almoçar 점심식사하다
jantar (m) 저녁식사, 저녁식사하다

◉ Sistematização

시간 말하기

A시 B분이다 : São(É) A e B.

A시 B분전이다 : São(É) B para a(s) A.

＊주의할 점

– 숫자 1과 2의 경우,

　시를 나타내는 숫자엔 여성명사 hora(s)가 생략되었기에 여성형 uma와 duas를 사용.

　분을 나타내는 숫자엔 남성명사 minuto(s)가 생략되었기에 남성형 um과 dois를 사용.

– 숫자는 2부터 복수이므로 대부분 São과 as를 사용하나, 단수일 때는 É와 a로 일치.

– meia는 meia hora(반시간)에서 hora가 생략된 형태로 '30분'의 의미.

– em ponto는 '정각'의 의미

– 실제 회화체에서 대부분 São(É)부분을 생략하고 말한다.

1시 20분 : (É) uma e vinte.	1시 5분전 : (São) cinco para a uma.
2시 10분 : (São) duas e dez.	2시 1분전 : (É) um para as duas.
3시 30분 : (São) três e meia.	4시 정각 : (São) quatro em ponto.

◉ Psiu

estar com ~의 활용

아주 빈번히 사용되는 주요 구문 'estar com추상명사'는 추상명사의 일시적이고 가변적인 상태를 나타낸다.

Estar com fome.	배고프다	한편 estar com 대신에 ter를 사용하면 영구적이고 습관적인 성격을 의미한다.
sede	갈증 나다	
frio	춥다	Agora estou com dor de cabeça.
calor	덥다	지금 난 머리가 아프다.
medo	무섭다	Ela tem dor de cabeça todos os dias.
sono	졸리다	그녀는 매일 두통이 있다.
sorte	운이 좋다	
pressa	급하다	정도를 강하게 표현하려면 형용사 muito/a 를 명사
raiva	화나다	앞에 붙이면 되고, 'estar morrendo de ~'는 우
vontade	하고 싶다	리말에서도 잘 쓰는 '~해서 죽겠다'의 의미이다.
dor de cabeça	머리가 아프다	
dor de estômago	배가 아프다	＊비교
dor de dente	이가 아프다	Estou com fome. (난 배고프다)
dor de garganta	목이 아프다	→ Estou com muita fome. (아주 배고프다)
dor de ouvido	귀가 아프다	→ Estou morrendo de fome. (배고파 죽겠다)

Noção de tempo

시간관념

Informação cultural

브라질 사람들은 시간관념이 별로 없다. 항상 빠른 일처리를 원하는 우리나라 사람들에게 브라질 사람들은 더더욱 느긋해 보인다. 관공서, 은행, 상점 등에서 우리는 급한 데도 그들은 동료직원과 농담을 하며 천천히 일 처리를 한다. 그럼에도 브라질 사람에게는 그들만의 여유가 있기에 불만이 없어 보인다. 브라질에 오래 살다 보면 자연스럽게 배워지는 것이 바로 인내심과 여유라 하겠다.

오늘 며칠이에요? **Que dia é hoje?**
끼 . 지아 에 오쥐

13
Lição

날짜와 요일을 정확히 말할 수 있도록 관련 어휘들을 익히도록 하고 precisar (de)와 ter que 표현에 대하여 잘 알아두자.

Diálogo

A : Que dia é hoje?
끼 지아 에 오쥐

B : Hoje é dia 13 de maio, quarta-feira.
오쥐 에 지아 뜨레지 지 마이우 꽈르따 페이라

A : Já? Tenho que acabar o meu relatório até a sexta.
쟈 뗑유 끼 아까바르 우 메우 헬라또리우 아떼 아 쎄스따

B : Nossa! Não tem muito tempo.
노싸 너웅 뗑 무이뚜 뗑뿌

A : Pode me ajudar um pouco? Preciso da sua ajuda.
뽀지 미 아쥬다르 웅 뽀우꾸 쁘레씨주 다 쑤아 아쥬다

B : Claro que vou te ajudar.
끌라루 끼 보우 치 아쥬다르

Vocabulário

hoje 오늘	sexta 금요일(sexta-feira의 준말)
maio (m) 5월	muito/a 많은
quarta-feira (f) 수요일	tempo (m) 시간
já 벌써, 이미	ajudar 도와주다
ter que ~해야만 한다(tenho que는 1인칭단수 현재)	ajuda (f) 도움
relatório (m) 보고서	precisar 필요하다(preciso는 1인칭단수 현재)
até ~까지	

A : 오늘 며칠이에요?

B : 오늘은 5월 13일, 수요일이에요.

A : 벌써요? 금요일까지 보고서를 끝내야만 하는데.

B : 이런! 시간이 많이 없네요.

A : 나를 조금 도와줄 수 있어요? 당신의 도움이 필요해요.

B : 당연히 도와드려야죠.

⊙· Expressão

✎ Que dia é hoje?

'오늘 며칠이냐?' 는 질문은 que dia da semana(무슨 요일), que dia do mês(며칠) 등 두 가지 의미를 동시에 갖기에 상황에 맞게 답한다.

Hoje é domingo.　　　　　　　　　오늘은 일요일이다.

Hoje é dia 7 de agosto de 2009.　　오늘은 2009년 8월 7일이다.

이처럼 연도와 달은 관사 없이 de로 연결하여 쓴다.

또한 간단히 표기할 때는 일/월/년의 순서로 쓴다.

07/08/09 : 2009년 8월 7일(2007년 8월 9일이나 2009년 7월 8일이 아님에 유의)

✎ já(벌써, 이미)와 ainda(아직)

Você já jantou?　　　　　　　　　벌써 저녁 먹었니?

Ainda não.　　　　　　　　　　　아직 안 먹었어.

✎ Tenho que acabar o meu relatório até a sexta.

tenho que는 '~해야만 한다' 는 의무나 책임을 표현한다. 한편 acabar(끝내다, 끝나다)는 começar(시작하다)와 반의어 관계이다.

A aula começa às 9 e acaba às 11.　수업은 9시에 시작하여 11시에 끝난다.

✎ Preciso da sua ajuda.

preciso (de)는 '~가 필요하다' 는 의미로, precisar동사는 명사(구) 앞에서 de를 수반한다.

◉ Sistematização

🖋 precisar de + 명사 / precisar + 동사

precisar(필요하다)동사 다음에 명사(구)가 올 때는 전치사 **de**를 동반한다. 하지만 동사가 올 때엔 de 없이 쓴다.

Eu preciso de você.	나는 당신이 필요하다.
Eu preciso de uma casa.	나는 집 한 채가 필요하다.
Eu preciso comprar uma casa.	나는 집 한 채를 살 필요가 있다.

🖋 ter que

'~해야만 한다', 의무나 책임을 표시하는 영어의 have to에 해당하는 표현이다.

Você tem que fazer isso agora.	넌 지금 이것을 해야만 한다.
Eu tenho que ir com você.	난 너와 함께 가야만 한다.

◉ Psiu

🖋 숫자 : 서수

1° –primeiro/a	2° –segundo/a
3° –terceiro/a	4° –quarto/a
5° –quinto/a	6° –sexto/a
7° –sétimo/a	8° –oitavo/a
9° –nono/a	10° –décimo/a
11° –décimo/a primeiro/a	
20° –vigésimo/a	

🖋 한 해의 명칭

년 ano	계절 estação	월 mês
주 semana	일 dia	

🖋 계절

봄 primavera	여름 verão
가을 outono	겨울 inverno

🖋 월

1월 janeiro	2월 fevereiro
3월 março	4월 abril
5월 maio	6월 junho
7월 julho	8월 agosto
9월 setembro	10월 outubro
11월 novembro	12월 dezembro

🖋 요일

일요일 domingo
월요일 segunda-feira
화요일 terça-feira
수요일 quarta-feira
목요일 quinta-feira
금요일 sexta-feira
토요일 sábado

Informação cultural

이비라뿌에라 공원은 상파울루 도심 속의 가장 푸르른 공간으로 호수와 나무들이 건물과 함께 숨쉬고 있다. 상파울루가 시로 지정된 지 400주년을 기념하여 1954년에 설립되어 다양한 박물관과 전시장의 공간을 소유하고 있다. 특히 반데이라스 기념비, 브라질 발견자 Pedro Álvares Cabral의 기념비, 아프로 브라질 박물관, 현대 미술관, 비엔날레 건물, 독서의 숲 등이 유명하다. 주말에는 자동차 출입을 금지하고 있으며 드넓은 공원을 자전거로 다닐 수 있도록 자전거대여도 하고 있는 상파울루 시민의 휴식공간이다.

오늘 날씨 어때요? Como está o tempo hoje?
꼬무   이스따   우 뗑뿌   오쥐

14
Lição

날씨 표현에 대하여 다양하게 활용할 수 있도록 하고 간접목적격대명사와 전치사를 활용한 형태에 대하여 알아두자.

🎧 Diálogo

A : Como está o tempo hoje?
꼬무   이스따 우 뗑뿌   오쥐

B : O tempo está bem nublado.
우 뗑뿌   이스따 벵   누블라두

A : Vai chover amanhã?
바이 쇼베르   아망양

B : Tomara que não. Amanhã vai fazer sol.
또마라   끼   너웅 아망양   바이 파제르 쏘우

A : Será? Se não chover, que tal ir à praia comigo amanhã?
쎄라   씨 너웅 쇼베르   끼   따우 이르 아 쁘라이아 꼬미구 아망양

B : Pode ser. Vamos lá!
뽀지   쎄르 바무스   라

◉• Vocabulário

tempo (m) 날씨	se 만약
bem 매우	que tal ~하는 게 어때
nublado/a 흐린	à ~로(전치사 a + 정관사 a의 축약형)
chover 비 오다	praia (f) 해변
tomara que ~하길 바란디.	comigo 나와 함께
sol (m) 태양	ir 가다(vamos는 1인칭복수 현재)
ser ~이다(será는 3인칭단수 미래)	

A : 오늘 날씨 어때요?

B : 날씨가 아주 흐리네요.

A : 내일 비가 올까요?

B : 안 오길 바래요. 내일은 맑을 거에요.

A : 과연 그럴까요? 비 안 오면 내일
   나랑 해변에 가는 게 어때요?

B : 그러죠. 갑시다!

◎• Expressão

Tomara que não.

Tomara que ~는 '~ 하길 기원한다'는 의미로 Espero que~ 로 써도 무방하다.

Amanhã vai fazer sol.

sol(태양)을 fazer동사와 함께 쓰면 '날씨가 맑다. 해가 뜨다'의 의미. 한편 tomar sol은 '일광욕을 하다'의 의미가 된다.

Ela passou ontem tomando sol.　　　그녀는 어제 일광욕을 하며 보냈다.

그럼 비, 눈, 바람은?

chuva (f)	비	chover	비가 오다
neve (f)	눈	nevar	눈이 오다
vento (m)	바람	ventar	바람이 불다

Será?

바로 앞에서 한 말에 대해 추측의 의미를 부여하여 '과연 그럴까?'의 뜻으로 사용된다. Será que ~?(과연 ~일까?)로도 많이 활용된다.

Será que vai chover amanhã?　　　과연 내일 비가 올까?

Se não chover, que tal ir à praia comigo amanhã?

Que tal ~?는 '~ 어떻게 생각해? ~하는 게 어때?'의 의미로써, Que tal~ 다음에 동사가 오든 명사가 오든 상대방의 의견을 구할 때 사용하는 구문이다.

Que tal experimentar esse biquíni?　　　이 비키니 입어보는 게 어때?

Que tal esse biquíni?　　　이 비키니 어때?

Vamos lá!

Vamos 단독으로는 '가자! 갑시다!'(Let's go)의 의미이고, lá(저기에, 저기로)는 Vamos 다음에 습관적으로 함께 쓴다. 한편 Vamos 다음에 동사가 오면 '~하자, ~합시다'(Let's ~)의 의미가 된다.

Vamos comer agora!　　　지금 먹자.

Vamos tomar uma cerveja.　　　맥주 한잔 마시자.

◉ Sistematização

✎ 전치사 뒤의 목적격대명사

목적격대명사 앞에 전치사가 나타나는 경우는 또 다른 형태(mim, ti)가 사용된다.

간접목적격대명사와 전치사 **para**를 사용한 경우
me (나에게) = para mim
te (너에게) = para ti
lhe (당신에게, 그에게, 그녀에게) = para você, para ele, para ela
nos (우리에게) = para nós
lhes (당신들에게, 그들에게, 그녀들에게) = para vocês, para eles, para elas

대다수의 전치사(a, de, em, por, sobre 등)에 같은 형태가 적용되지만, 전치사 com은 예외이다.

전치사 **com**의 경우
나와 함께 = comigo
너와 함께 = contigo
당신과 함께, 그와 함께, 그녀와 함께 = com você, com ele, com ela
우리와 함께 = conosco
당신들과 함께, 그들과 함께, 그녀들과 함께 = com vocês, com eles, com elas

◉ Psiu

✎ 날씨표현

Está bom.	좋다
agradável	화창하다
calor	덥다
quente	덥다
fresco	선선하다
frio	춥다
nublado	흐리다
chovendo	비가 온다
nevando	눈이 온다
ventando	바람이 분다

Tempo e Clima

날씨와 기후

Informação cultural

브라질의 기후는 지역에 따라 열대, 아열대, 온대기후를 가지고 있으며 우리나라와는 정반대에 있으므로 계절도 정반대이다. 여름엔 모두들 해변을 찾아 휴가를 떠나는 것이 보편화되어 있다. 대부분의 지방에서 여름은 30도 이상 올라가나 습도가 높지 않아 그늘에 들어가면 시원하다. 한편 브라질의 겨울도 만만히 봐서는 안 된다. 남부지방이나 해발 700m에 위치하는 상파울루에선 추운 겨울을 느낄 수 있는데 대부분의 도시가 비록 영하로까지는 내려가지 않는다 하더라도 이들에게 겨울 추위는 두꺼운 코트와 머플러, 그리고 장갑까지 끼고 다니게 하며 난방장치가 대부분 없기에 집안도 역시 냉랭하다. 한편 브라질 사람들은 일반적으로 가볍고 실용적인 캐주얼 차림을 즐긴다. 학교의 교수들이나 회사원들, 은행원들 모두 정장 입은 모습을 찾아보긴 힘들다.

상파울루의 빠울리스따 대로(Av. Paulista)에 있는 공중전화(orelhão)

TEMA 6

15 여보세요?   16 잘못 걸었어요.

전화를 걸다. ∷ 전화를 걸어 통화할 사람을 찾고, 잘못 걸었을 때, 통화 중일 때, 그리고 공중전화를 찾는 상황에도 부닥친다. 요즘 세상에 전화 없이 살 수는 없는 법!

여보세요? Alô?
알로

전화상에서 오가는 일반적인 대화에 대하여 잘 알아두고 완곡어법의 활용에 유의하자.

Diálogo

A : Alô?
알로

B : Quem fala?
껭 팔라

A : É Beto.
에 베뚜

B : Oi, Beto. Aqui é Sandra. Poderia falar com o Paulo?
오이 베뚜 아끼 에 쌍드라 뽀데리아 팔라르 꽁 우 빠울루

A : Oi, Sandra. Ele acabou de sair. Quer deixar um recado?
오이 쌍드라 엘리 아까보우 지 싸이르 께르 데이샤르 웅 헤까두

B : Não, obrigada. Eu ligo mais tarde.
너웅 오브리가다 에우 리구 마이스 따르지

Vocabulário

alô 여보세요

falar 말하다(fala는 3인칭단수 현재)

aqui 여기

poder ~할 수 있다(poderia는 1,3인칭단수 과거미래)

acabar de 막 ~하다(acabou는 3인칭단수 완전과거)

sair 나가다

querer 원하다(quer는 3인칭단수 현재)

deixar 놔두다

recado (m) 메모

ligar 전화하다(ligo는 1인칭단수 현재)

mais 더

tarde 늦게

A : 여보세요?

B : 누구시죠?

A : 베뚜인데요.

B : 안녕, 베뚜. 산드라에요. 빠울루와 통화할
　　수 있을까요?

A : 안녕, 산드라. 그는 막 나갔어요. 메모를
　　남기실래요?

B : 아니오, 고마워요. 좀 있다가 다시 걸게요.

◉ Expressão

✎ **Alô?**

'여보세요'의 전형적인 표현이다. 휴대폰의 이용이 늘어가면서 상대방이 누군지 아는 상태에서 전화
를 받게 되는 상황에서는 바로 'Oi!'라고 하기도 한다.

✎ **Quem fala?**

(전화상에서) '누구시죠?'라고 묻는 표현이다.
= Quem está falando?
= Com quem eu falo?

✎ **Ele acabou de sair.**

acabar de는 '막 ～하다'라는 의미로 동작의 완료를 나타낸다.
Eu acabei de partir.　　　　난 막 출발했다.
Você acabou de chegar?　　넌 막 도착했니?

✎ **Quer deixar um recado?**

'메모를 남기겠습니까?', '뭐라고 전해드릴까요'의 의미로 찾는 사람이 없는 경우 대부분 이 표현으로
물어보는 것이 일반적이다.

✎ **Eu ligo mais tarde.**

직역하면 '더 늦게 전화할게요'. 전화상에서 ligar동사는 telefonar(전화하다)동사와 같은 의미지만
사용이 더 빈번하다.

◉•Sistematização

완곡어법

동사의 과거미래형과 불완전과거형은 완곡한 표현을 하기 위해 사용된다. 실제 회화에서 자주 사용되는 완곡한 표현으로는 poder동사의 과거미래 poderia~와 불완전과거 podia~, gostar (de) 동사의 과거미래 gostaria (de)~, querer동사의 불완전과거 queria~ 등이 있다.

Eu poderia falar com o Pedro?	뻬드루와 통화(얘기)할 수 있을까요?
Você podia abrir a porta?	문을 열어주시겠어요?
Você gostaria de mais alguma coisa?	더 필요하신 것 있습니까?
Quem gostaria de falar com ele?	그와 통화(얘기)하고 싶으신 분은 누구시죠?
Eu queria encontrar a Giovana.	지오바나를 만나고 싶습니다.

◉•Psiu

전화상에서 쓰는 표현

받는 사람 : Alô? (여보세요?)
건 사람 : Quem fala? (누구시죠?)

우리나라에서 전화 건 사람이 받는 사람에게 다짜고짜 '누구세요?'라고 묻는다면 상당한 실례일 수 있지만 브라질에서는 상당히 일반적인 경우이다.

받는 사람 : É Beto. (베뚜인데요)
건 사람 : Oi, Beto. Aqui é Sandra. (안녕, 베뚜. 산드라에요)

누구라고 말해줬을 때 아는 사람일 경우, 먼저 반갑게 인사를 하기 위함일 수도 있는 것이다. 그리고 전화상에서 '나는 누구다'라고 할 때는 Eu sou ~라고 하지 않고 Aqui é ~라고 하는 점도 유의하자(무전기놀이 할 때 '여기는 ~다'라고 하듯).

전자제품 시장에서 우리기업 LG와 삼성은 브라질사람들의 삶 속에 깊이 친숙해졌다. 브라질의 집이나
관공서에서 두 대기업의 TV, DVD 플레이어, 오디오, 에어컨, 컴퓨터 등을 볼 수 있는 것은 이젠 너무나
흔한, 어쩌면 자연스러운 일이 되었다. 또한 친구들이 가지고 있는 휴대폰도 LG와 삼성 것이 많아졌다.
한편 LG전자는 2001년부터 상파울루를 연고지로 하고 있는 상파울루 축구클럽에 스폰서를 하면서
5000만 달러에 이르는 브랜드 홍보효과로 스포츠마케팅에 대성공을 거두고 있다. 상파울루
축구클럽은 브라질의 축구팀 중에 팬의 수가 세 번째로 많은 명문구단으로 상파울루팀이 사용하는
모룸비(Morumbi) 경기장은 LG마크로 도배되어 있고 LG가 인쇄된 상파울루팀의 유니폼을 팬이라면
다 한 벌씩은 가지고 있을 정도로 자연스럽게 국민들의 뇌리에 자리매김하였다.

Empresas coreanas

한국기업

잘못 걸었어요. **Foi engano.**
포이   잉가누

16
Lição

전화상에서 쓰이는 다양한 표현을 정리하여 알아두고 최상급 표현을 익히도록 하자.

🎧 Diálogo

A : Alô?
알로

B : É Rodrigo?
에 호드리구

A : Não. Foi engano.
너웅   포이 잉가누

B : Desculpe.
지스꾸우삐

A : Você ligou para a sua casa?
보쎄   리고우   빠라   아 쑤아 까자

B : Já liguei, mas a linha está ocupada.
쟈 리게이   마스   아 링야   이스따 오꾸빠다

A : Com licença. Cadê o orelhão mais próximo?
꽁   리쎙싸   까데   우 오렐려웅   마이스 쁘로씨무

B : Desculpe. Não sou daqui.
지스꾸우삐   너웅 쏘우 다끼

🔵 Vocabulário

ser ~이다(foi는 3인칭단수 완전과거)

engano (m) 잘못, 실수

ligar 전화하다(liguei는 1인칭단수 완전과거, ligou는 3인칭단수 완전과거)

linha(f) 선

ocupado/a 바쁜

cadê 어디 있어요?

orelhão (m) 공중전화

próximo/a 가까운

A : 여보세요?

B : 호드리구?

A : 아니오. 잘못 걸었는데요.

B : 죄송합니다.

A : 당신의 집에 전화했어요?

B : 이미 전화했는데 통화 중이에요.

A : 실례합니다. 가장 가까운 공중전화 어디 있어요?

B : 미안해요. 이 동네 사람이 아니라서요.

●• Expressão

✎ Foi engano.

전화를 '잘못 걸었다'고 할 때 쓰는 전형적인 표현으로 'É engano.' 라고 써도 괜찮다. 또한 글자 그대로 내가 전화 잘못 걸었다(Eu liguei errado.) 혹은 당신 전화 잘못 걸었다(Você ligou errado.)라고 표현하기도 한다.

✎ A linha está ocupada.

ocupado/a가 사람에게 쓰이면 '바쁘다', 장소에 쓰이면 '자리가 찼다' 는 뜻인데, 전화상에선 '통화 중' 이란 뜻이다. 영어의 'The line is busy.' 와 똑같은 표현이다

Eu estou muito ocupado.	난 아주 바쁘다.
Este lugar está ocupado.	이 자리는 사람이 있다.
O banheiro está ocupado.	화장실에 사람이 있다.

✎ Cadê o orelhão mais próximo?

Cadê ~?는 Onde fica ~?, Onde está?(어디 있습니까?)의 의미로 쓰인다.

| Cadê o Luciano? | 루시아누 어디 있어요? |
| Cadê o banheiro? | 화장실 어디 있어요? |

✎ Não sou daqui.

출신을 표현하는 구문 ser de. 즉 '여기 출신이 아니다' 라는 것은 이곳에 대해 잘 모른다는 의미를 담고 있다.

◉ Sistematização

✎ 최상급 표현

<u>B중에 가장 A한</u>

o(s)/a(s) mais A de B

o(s)/a(s) mais A que B(구문)

최상급에는 정관사가 꼭 필요한 점에 유의하자.

o professor mais famoso da universidade.	대학교에서 가장 유명한 교수
os carros mais caros do Brasil.	브라질에서 가장 비싼 차들
a moça mais alta da loja.	가게에서 가장 키가 큰 아가씨
as casas mais baratas da cidade.	도시에서 가장 싼 집들
Ele é o mais inteligente da turma.	그는 반에서 가장 똑똑하다.
Ela é a mais chata de todos.	그녀는 모든 사람 중에 가장 짜증나는 애다.
Esse livro é o mais interessante que eu já li.	이 책은 내가 읽은 것 중에 가장 재미있다.
Essa mulher é a mais bonita que eu já vi.	이 여자는 내가 본 사람 중에 가장 예쁘다.

◉ Psiu

✎ 전화용어 정리

여보세요?	Alô?
누구시죠?	Quem fala? / Quem está falando? / Com quem eu falo?
나 빠울루야.	Aqui é Paulo. / Aqui fala Paulo.
이 박사님과 통화할 수 있겠습니까?	Poderia falar com Dr. Lee?
김 교수님과 통화하고 싶습니다.	Gostaria de falar com prof. Kim.
거기 주엉 있어요?	O João está aí?
전데요(바로 그사람인데요)	É ele/a mesmo/a.
메모를 남기겠습니까?	Quer deixar um recado?
통화 중이에요.	A linha está ocupada.
아무도 받지 않네요.	Ninguém atende.
잘못 걸었어요.	Foi engano.
나중에 다시 걸게요.	Ligo / Telefono mais tarde.
전화가 끊겼어요.	A ligação caiu.
가장 가까운 공중전화 어디 있어요?	Onde fica o orelhão mais próximo?

Celular e Orelhão

휴대폰과 공중전화

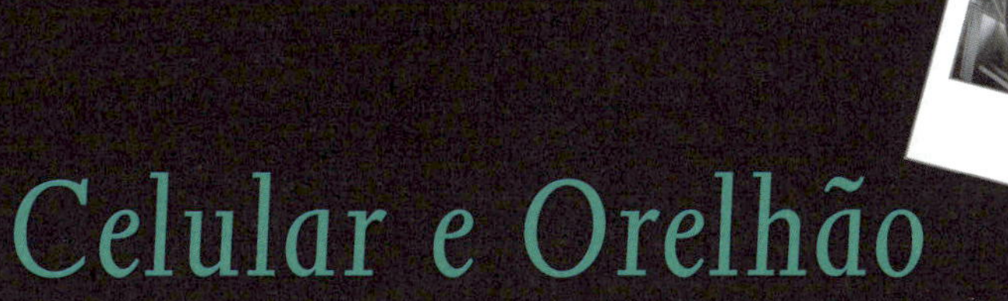

Informação cultural

휴대전화 시장은 최근 많은 발전을 보이고 있다. 요금 시스템은 두 가지가 있는데, 먼저 후불식은 마음대로 사용한 후 한 달마다 사용요금이 청구되는 우리나라와 같은 방식인데 반해, 선불식은 충전식 카드를 사서 입력하거나 충전소에서 정해진 금액을 입력하여 입력된 만큼의 비용만 사용할 수 있도록 되어 있어 경제적으로 요금을 통제할 수 있는 방식이다. 휴대폰 판매에 있어선 한국 기업들도 최신식 휴대폰을 공급하며 소비자를 유혹하고 있다. 서민층에 의해 자주 이용되는 공중전화는 전화박스의 모양이 귀를 닮았기 때문에 '거대한 귀'라는 의미의 오렐렁(orelhão)이라 한다. 전화국이나 가까운 신문가판대에서 전화카드를 사서 이용하면 된다.

리우데자네이루 꼬빠까바나(Copacabana) 해변의 연인들

TEMA **7**

**약속을 잡고 초대하다. :: 주말 약속을 잡기 위해 친구와 대화하고 또 친구를 초대하기로 한다. 본격적으로
친구들과 친해지려면 주말약속이나 초대는 항상 뒤따르는 법!**

이번 주말에 뭐해요? O que você vai fazer no fim de semana?

우 끼 보쎄 바이 파제르 누 핑 지 쎄마나

17 Lição

'ir+동사원형' 형태의 미래형 시제에 대하여 연습하고, 시간표현에 대하여 잘 알아두자.

Diálogo

A : O que você vai fazer no fim de semana?
우 끼 보쎄 바이 파제르 누 핑 지 쎄마나

B : Acho que vou ficar em casa. Por quê?
아슈 끼 보우 피까르 잉 까자 뽀르 께

A : Você se lembra do meu amigo André?
보쎄 씨 렝브라 두 메우 아미구 앙드레

B : André? Aquele homem chique?
앙드레 아껠리 오멩 쉬끼

A : É. Ele está apaixonado por você. O que você acha?
에 엘리 이스따 아빠이쇼나두 뽀르 보쎄 우 끼 보쎄 아샤

B : É verdade? Tá bom, então. Me liga no sábado de manhã.
에 베르다지 따 봉 잉떠웅 미 리가 누 싸바두 지 망양

Vocabulário

fim de semana (m) 주말

achar 생각하다(acho는 1인칭단수 현재)

ficar 머무르다

por quê 왜

lembrar-se de ~을 기억하다

homem (m) 남자

chique 멋진

apaixonado/a 사랑에 빠진, ~에 반한

verdade (f) 진실

ligar 전화하다(liga는 3인칭단수 현재, 명령적 사용)

A : 이번 주말에 뭐해?

B : 집에 있을 것 같아. 왜?

A : 내 친구 안드레 기억나?

B : 안드레? 그때 그 멋진 남자?

A : 응. 그가 너한테 푹 빠졌어. 어떻게 생각해?

B : 정말? 좋아, 그럼. 토요일 아침에 전화해.

Expressão

O que você vai fazer no fim de semana?

O que você vai ~?는 ir+동사원형을 사용한 미래형 구문으로 회화에서 상당히 빈번하게 사용된다.

O que você vai fazer?	무엇을 할 거에요?
pedir?	무엇을 시킬 거에요?
comer?	무엇을 먹을 거에요?
tomar?	무엇을 마실 거에요?
comprar?	무엇을 살 거에요?

Acho que vou ficar em casa.

casa를 사용할 땐 자신의 집엔 관사 없이, 남의 집일 때는 관사를 사용한다.

Vou ficar em casa.	(우리) 집에 있을 거야.
na sua casa.	너의 집에 있을 거야.
na casa do pai.	아버지 집에 있을 거야
na casa da Amélia.	아멜리아 집에 있을 거야.

Você se lembra do meu amigo?

'~을 기억하다'는 lembrar-se de~, 반대로 '~을 잊어버리다'는 esquecer-se de~를 사용한다.

Ele está apaixonado por você.

'그는 당신에게 반했어요', 전치사 por와 함께 사용하는 점에 유의하자.

* 기본적인 감정표현

널 사랑해.	Eu te amo.
매우 행복해요/만족해요.	Estou muito feliz/contente.
매우 기뻐요/슬퍼요.	Estou muito alegre/triste.
감격했어요.	Estou emocionado/a.
실망했어요.	Estou decepcionado/a.

◉ Sistematização

✎ 쓸 때 혼동하기 쉬운 por que와 porque의 구분

네 가지 종류의 사용을 구분해서 알아둘 필요가 있다.

Por quê?	왜? Why? Acho que vou ficar em casa. −Por quê? 집에 있을 것 같아. −왜?
Por que ...?	왜 ....? Why ...? Por que você vai ficar em casa? 왜 집에 있을 거야?
Porque .. .	왜냐하면 ... Because ... Porque eu quero descansar um pouco. 왜냐하면 좀 쉬고 싶어.
Porquê	남성명사로 이유(razão), 동기(motivo), 원인(causa)의 뜻

◉ Psiu

✎ 시간 표현

작년 o ano passado / 금년 este ano / 내년 o ano que vem, o próximo ano
지난 달 o mês passado / 이번 달 este mês / 다음 달 o mês que vem, o próximo mês
지난 주 a semana passada / 이번 주 esta semana / 다음 주 a semana que vem, a próxima semana

그저께	anteontem	어제 오전에	ontem de manhã
어제	ontem	어제 오후에	ontem à tarde
오늘	hoje	어제 밤에	ontem à noite
내일	amanhã	오늘 일찍	hoje cedo
모레	depois de amanhã	오늘 오전에	hoje de manhã
		오늘 오후에	hoje à tarde
오전	manhã	오늘 밤에	hoje à noite
오후	tarde	내일 일찍	amanhã cedo
밤	noite	내일 오전에	amanhã de manhã
		내일 오후에	amanhã à tarde
어제 일찍	ontem cedo	내일 밤에	amanhã à noite

꼬빠까바나는 세계에서 가장 유명한 해변 중 하나이며 리우 관광의 백미이다. 새해가 시작되는 밤에는 엄청난 폭죽과 함께 축제의 중심지가 됨은 물론 바다의 신 Iemanjá를 기리는 영적인 행사도 열린다. 꼬빠까바나는 케츄아어로 '빛나는 장소'라는 의미로 5Km의 거대한 해변을 따라 펼쳐진 Av. Atlântica에 있는 매점(quiosque)들은 매우 대중적이다.

꼬빠까바나 만큼 유명한 이빠네마는 뚜삐과라니어로 '출렁이는 거대한 물'이라는 의미로 1960년대 세계적으로 유명한 이빠네마의 소녀(Garota de Ipanema)라는 Bossa Nova노래와 함께 주목 받았다. 해변에 접한 Av.Vieira Souto 안쪽으로 고급 주택가와 상점, 바, 레스토랑이 즐비하며 현재 이웃 해변인 Leblon 지역과 함께 리우에서 가장 살기 좋은 곳으로 꼽히고 있다.

Copacabana e Ipanema

꼬 빠 까 바 나 와   이 빠 네 마

당신을 파티에 초대하고 싶어요. Eu queria convidar você para uma festa.

에우 께리아 꽁비다르 보쎄 빠라 우마 페스따

18 Lição

시간과 관련된 표현을 잘 구분하도록 하고 재귀대명사와 부정대명사의 사용에 대하여 알아두자.

Diálogo

A : Você está livre neste domingo?
보쎄 이스따 리브리 네스치 도밍구

B : Até agora não tenho nenhum compromisso.
아떼 아고라 너웅 뗑유 넹융 꽁쁘로미쑤

A : Ótimo! Eu queria convidar você para uma festa.
오치무 에우 께리아 꽁비다르 보쎄 빠라 우마 페스따

B : Que festa? É o seu aniversário?
끼 페스따 에 우 쎄우 아니베르싸리우

A : Não. Só um jantarzinho em casa. Posso pegar você às sete da noite?
너웅 쏘 웅 쟝따르징유 잉 까자 뽀쑤 뻬가르 보쎄 아스 쎄치 다 노이치

B : OK, obrigada. A gente se vê lá.
오케이 오브리가다 아 젱치 씨 베 라

Vocabulário

livre 한가한, 자유로운

neste 이~에(전치사 em＋지시형용사 este의 축약형)

nenhum(a) 아무런

compromisso (m) 약속

ótimo/a 최고의

querer 원하다(queria는 1인칭단수 불완전과거)

convidar 초대하다

festa (f) 파티

jantarzinho (m) 저녁식사(jantar의 축소형)

pegar 픽업하다

a gente 우리

ver 보다(vê는 3인칭단수 현재)

A : 이번 일요일에 한가해요?

B : 지금까지는 아무런 약속이 없어요.

A : 좋아요! 당신을 파티에 초대하고 싶어요.

B : 무슨 파티요? 당신 생일이에요?

A : 아니오. 그냥 집에서 간단히 저녁식사나 하게요. 저녁 7시에 당신을 픽업해도 될까요?

B : 좋아요, 고마워요. 그때 만나요.

⦿ Expressão

✎ Você está livre neste domingo?

Você está livre?는 한가한 지, 시간이 있는지를 묻는 표현이다. 동일한 의미로 Tem tempo?가 있
다. 이때 Tem horas?(몇 시 에요?)와 혼동하지 않도록 다시 한번 주의하자.
*tempo는 지속적인 시간인 반면 hora는 딱 지정된 시간이다.
Eu repeti muitas vezes mas ele não entendeu. Eu perdi meu tempo.
난 여러 번 반복하여 말했지만 그는 이해하지 못했다. 내 시간만 버렸다.
O despertador não tocou e perdi a hora.   자명종이 안 울려서 시간을 놓쳤다.

✎ Eu queria convidar você para uma festa.

convidar A para B는 'A를 B에 초대하다' 의 의미로 전치사 para를 사용한다.
Quero convidar você para uma festa.   당신을 파티에 초대하고 싶다.
                    o meu aniversário.   당신을 내 생일에 초대하고 싶다
                    o meu casamento.   당신을 내 결혼식에 초대하고 싶다.

✎ Posso pegar você às sete da noite?

pegar(잡다)동사는 '차로 픽업하다' 의 의미로도 자주 사용된다.

✎ A gente se vê lá.

a gente는 '우리' 라는 뜻으로 주격인칭대명사 'nós'와 같은 의미이다. 하지만 'nós' 가 1인칭복수
동사와 결합하는 반면, a gente는 3인칭단수로 쓰임에 유의하자.

◉• Sistematização

재귀대명사

타동사에 재귀대명사를 붙이면 재귀동사가 되어 동사의 동작이 동작의 주체와 일치하게 된다.

	단수	복수
1인칭	me	nos
2인칭	te	–
3인칭	se	se

Eu vou levantar a bandeira.	나는 국기를 들어 올릴 것이다.
Eu vou me levantar cedo.	나는 일찍 일어날 것이다.
A gente viu uma catedral enorme.	우리는 웅장한 성당을 보았다.
A gente se vê amanhã.	우리 내일 만나요.

부정대명사

algum(a) 어떤	Você tem algum plano? 어떤 계획 있어요?
nenhum(a) 아무런	Não recebi nenhuma carta. 난 아무런 편지도 못 받았어요.
alguém 어떤 사람, 누군가	Alguém me ligou? 누군가 내게 전화했어요?
ninguém 아무도	Não tem ninguém aqui. 여기 아무도 없어요.
tudo 모든 것, 다	Ele comeu tudo. 그가 다 먹었어요.
nada 아무것도, 하나도	Não comi quase nada. 난 거의 아무 것도 못 먹었어요.

◉• Psiu

일반적인 때와 시간이 언급되었을 때의 비교

일반적인 때 '오늘 오전'은 hoje de manhã과 같이 표현하였다. 하지만 시간이 언급되면 특정한 때를 표시하기 때문에 정관사를 사용하여야 한다. 따라서 de manhã은 da manhã으로 써야 한다.

Vou encontrar você hoje de manhã.	오늘 오전에 당신을 만나겠다.
Vou encontrar você às nove da manha.	아침 9시에 당신을 만나겠다.
às duas da tarde.	오후 2시에
às dez da noite.	밤 10시에

내외할 때 서로간의 간격이 브라질 사람은 50~30cm, 미국에서는 60cm 이상이라는 말이 있을 정도로 브라질 사람들은 친절하고 다정한 성품을 가지고 있다. 대화를 시작할 때는 축구나 날씨 등의 가벼운 주제로 분위기를 이끄는 것이 자연스럽고, 자녀문제나 애인문제 등에 관심을 보이면 대화가 따뜻해질 것이다. 그들의 대화를 들여다보면, 브라질을 식민지로 만들었던 포르투갈 사람들이나 축구 라이벌인 아르헨티나 사람들, 혹은 특정지역 사람들의 특징에 관한 유머가 자주 등장하며 성적인 농담도 남녀 간에 거리낌 없이 나누는 편이다. 하지만, 인종차별에 대한 얘기를 하는 것은 절대 안 되며 그들의 열등의식을 자극하는 주제나 민감한 계파 간 정치문제, 종교문제 등은 피하는 것이 예의이다.

Conversação

대 화

따봉(Tá bom)!!! 뽀르뚜알레그리 헬쓰클럽(Academia)의 젊은이들

TEMA 8

19 시청이 어디에요?   20 어떻게 거기까지 갈 수 있죠?

길을 묻고 찾아가다. :: 시청에 가기 위해 길을 물어보니 친절하게 답해준다. 또 친구 집으로 가기 위한 교통편도
물어본다.

시청이 어디에요? Onde é a prefeitura?
옹지　　　에 아 쁘레페이뚜라

19
Lição

위치를 묻는 표현과 길 찾기와 관련된 어휘들을 잘 익히도록 하고 비인칭 구문에 대하여 알아두자.

Diálogo

A : Com licença, moça. Onde é a prefeitura?
　　꽁　리쎙싸　모싸　옹지　에 아 쁘레페이뚜라

B : A prefeitura fica perto daqui.
　　아 쁘레페이뚜라 피까 뻬르뚜 다끼

A : É difícil encontrar?
　　에 지피씨우 잉꽁뜨라르

B : É bem fácil. Você segue em frente por essa rua e vira à esquerda no
　　에 벵　파씨우 보쎄 쎄기　잉 프렝치　뽀르 에싸　후아 이 비라 아 이스께르다　누

　　segundo sinal. A prefeitura fica logo depois da catedral.
　　쎄궁두　　씨나우 아 쁘레페이뚜라 피까 로구　데뽀이스 다 까떼드라우

A : Tá, obrigado.
　　따　오브리가두

B : De nada.
　　지　나다

Vocabulário

moço/a 아저씨/아가씨

prefeitura (f) 시청

ficar 있다(fica는 3인칭단수 현재)

difícil 어려운

fácil 쉬운

seguir 따라가다(segue는 3인칭단수 현재, 명령적 사용)

frente (f) 앞

rua (f) 길

virar 돌다(vira는 3인칭단수 현재, 명령적 사용)

esquerda (f) 왼쪽

sinal (m) 신호등

logo 바로, 곧

catedral (f) 성당

A : 실례합니다, 아가씨. 시청이 어디에요?

B : 시청은 여기서 가까운 곳에 있어요.

A : 찾기 힘든가요?

B : 아주 쉬워요. 이 길을 따라 똑바로 가서 두 번째 신호등에서 좌회전하세요. 시청은 성당 바로 다음에 있어요.

A : 알았어요, 고마워요.

B : 뭘요.

⊙• Expressão

🖋 **Com licença, moça.**

모르는 젊은 남녀를 부를 때 일반적으로 moço(청년, 아저씨), moça(아가씨)를 사용한다. 길에서, 서점에서, 상점에서, 레스토랑에서 술집까지 다양하게 사용할 수 있는 호칭이다.

🖋 **Onde é a prefeitura?**

'시청이 어디에요?'. 시청과 같이 움직일 수 없는 것에는 ser동사(〜이다)를 사용한다. 하지만 우리말도 '시청이 어디 있어요?' 라고도 말하듯 실제로 브라질에서는 ficar동사(〜위치해 있다)를 주로 사용하여 표현하며 Cadê(어디 있어요?)를 쓰기도 한다.
= Onde fica a prefeitura?
= Cadê a prefeitura?
반면 움직일 수 있는 것에는 estar동사(〜있다)를 사용하도록 한다.
Onde está a mãe? 엄마 어디 있어요?
= Cadê a mãe?

🖋 **Segue em frente por essa rua.**

segue는 seguir동사 3인칭단수 현재형으로 명령적 의미로 사용되었다. 지역에 따라 em frente(똑바로)는 reto라고도 사용하며 전치사 por는 이 길을 '통해서'의 의미로 사용되었다.

🖋 **Vira à esquerda no segundo sinal.**

vira는 virar동사의 3인칭단수 현재형으로 명령적 의미로 사용되었다. 지역에 따라 virar동사는 dobrar동사를 사용하기도 한다. '왼쪽으로'는 à esquerda, '오른쪽으로'는 à direita. 한편, 신호등은 sinal이 가장 일반적으로 사용되고, 지역에 따라 farol, sinaleira 등으로 다양하게 사용되고 있다.

◉ Sistematização

✎ 비인칭 구문

'É 형용사(B) 동사원형(A)~' 어순으로 사용하며 'A하는 것은(이) B하다' 라는 의미를 갖는다.

É difícil fazer isso.	그것을 하는 것은 어렵다.
É fácil	하는 것은 쉽다
É bom	하는 것이 좋다.
É melhor	하는 것이 낫다.
É possível	하는 것은 가능하다.
É impossível	하는 것은 불가능하다
É importante	하는 것이 중요하다.
É necessário	하는 것이 필요하다.
É preciso	하는 것이 필요하다.
É imprescindível	하는 것은 필수적이다.

◉ Psiu

✎ 길 찾기 관련 어휘

길	caminho	신호등	sinal, semáforo, farol, sinaleira
대로	avenida	횡단보도	faixa de pedestre
로	rua, alameda	블럭	quadra, quarteirão
차도	pista	교차로	cruzamento
인도	calçada	코너	esquina
방향	direção	안내소	posto de informação
왼쪽	esquerda	표지판	placa
오른쪽	direita	다리	ponte
이쪽	este lado	육교	viaduto
저쪽	outro lado	건물	edifício, prédio
앞	frente	광장	praça
뒤	atrás	공원	parque
		병원	hospital

Informação cultural

브라질에서 살다 보면 말을 하지 않아도 제스처로 웬만한 대화를 할 수 있다. 그 중 단연 알아두어야 할 것은 엄지손가락을 치켜세우는 동작이다. 이 동작 하나에 좋은 의미는 다 들어있다. '최고다, 좋다, 알았다, 멋지다, 고맙다, 잘했다, 잘 가라' 등의 의미가 모두 담겨 있으니 적절한 상황에서 엄지를 치켜 올려주면 된다. 한편 음식점에서 계산서를 요구할 때 웨이터에게 사인하는 시늉을 하면 바로 알아듣는다. 한편 엄지와 검지를 동그랗게 하고 나머지 손가락을 피는 OK표시가 브라질에서는 손가락을 아래로 펴면서 상대방을 욕할 때 쓰이는 제스처임에 주의하여야 하며, 반대로 엄지를 검지와 중지 사이에 끼어 하늘을 향하는 목각을 자주 볼 수 있는데 Figa라고 부르는 이 제스처는 '행운을 빈다(Boa sorte)' 는 의미이다.

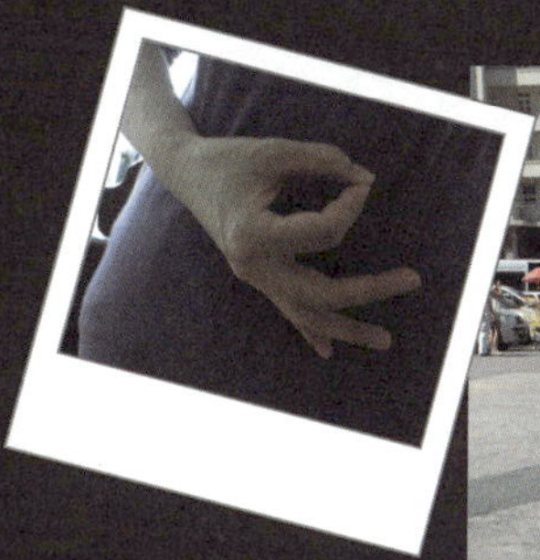

Gesto

제 스 처

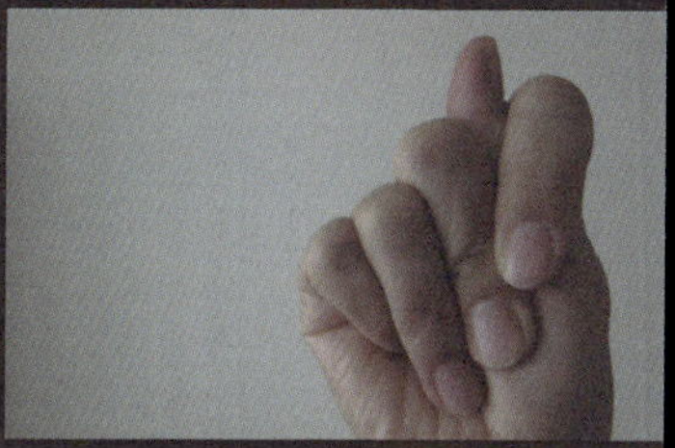

어떻게 거기까지 갈 수 있죠? Como posso ir até lá?
꼬무　　뽀쑤　　이르 아떼　라

목적지까지 시간이 얼마나 걸리는지 그리고 어떻게 가는지 교통수단을 표현하는 방법에 대하여 연습하자.

Diálogo

A : Você sabe o endereço da casa da Renata?
　　보쎄　싸비　우 잉데레쑤　　다　까자 다 헤나따

B : Não sei não. Mas já fui à casa dela.
　　너웅 쎄이 너웅　마스 쟈 푸이 아 까자 델라

A : Como posso ir até lá?
　　꼬무　　뽀쑤　　이르 아떼 라

B : Você precisa pegar o ônibus. Não dá para ir a pé.
　　보쎄　쁘레씨자 뻬가르 우 오니부스　너웅 다 빠라　이르 아 뻬

A : Quanto tempo leva?
　　꽝뚜　　뗌뿌　　레바

B : Leva mais ou menos trinta minutos de ônibus.
　　레바　마이스 오우 메누스　뜨링따 미누뚜스　지　오니부스

Vocabulário

saber 알다(sei는 1인칭단수 현재, sabe는 3인칭단
　수 현재)

endereço (m) 주소

casa (f) 집

já 이미

ir 가다(fui는 1인칭단수 완전과거)

precisar 필요하다(precisa는 3인칭단수 현재)

pegar 잡다, 타다

dar 충분하다(dá는 3인칭단수 현재)

pé (m) 발

quanto 얼만큼

tempo (m) 시간

levar 시간이 걸리다(leva는 3인칭단수 현재)

mais 더, 더하기

ou 또는

menos 덜, 빼기

ônibus (m) 버스

A : 헤나따 집 주소 알아요?

B : 잘 모르겠어요. 하지만 난 그녀의 집에 이미 가봤어요.

A : 거기 까지 어떻게 갈 수 있죠?

B : 버스를 타야 해요. 걸어서는 갈 수 없어요.

A : 얼마나 걸리죠?

B : 버스로 약 30분 정도 걸려요.

●•Expressão

✎ Não sei não.

Não sei 라고만 해도 되지만 não 을 한번 더 말해 강조한 경우인데 이런 경우 두 번째 não에 강세
가 간다.

✎ Não dá para ir a pé.

Dá para+동사원형을 쓰면 É possível ~ 와 같은 의미로 '~하는 게 가능해요?'라고 물을 때 자주
사용되는 표현이다. a pé는 '걸어서'의 의미로 전치사 a를 사용하는 점에 유의하자.
- Dá para ver?   볼 수 있어요? 보여요?
  Não dá para entender.   이해할 수 없어요. 이해가 안되요.
- Não fui de carro, fui a pé até a escola.   나는 학교까지 차로 가지 않고 걸어서 갔다.

✎ Quanto tempo leva?

시간이 얼마나 걸리는 지 물을 때는 일반적으로 Quanto tempo leva~라는 표현을 쓰며, levar 동
사 대신 demorar 동사를 사용하여 Quanto tempo demora~라고 쓸 수도 있다.

✎ Leva mais ou menos trinta minutos de ônibus.

mais ou menos는 '대략'이란 뜻으로 줄여서 쓸 때는 ± 라고 표기한다. aproximadamente,
cerca de도 같은 의미이다. de ônibus는 '버스로'라는 의미로 일반적으로 교통수단에는 전치사 de
를 사용한다.

◉ Sistematização

✎ 교통수단

대다수의 교통수단에는 전치사 de를 사용한다. a pé(걸어서), a cavalo(말을 타고)에만 전치사 a를
사용한다고 생각하면 된다.

A sua casa fica longe daqui? 당신의 집은 여기서 먼가요?

Leva 1 hora e meia de ônibus.　　　버스로 한 시간 반 걸려요.

de metrô	지하철로
de táxi	택시로
de carro	자동차로
de trem	기차로
de avião	비행기로
de navio	배로
de bicicleta	자전거로
a pé	걸어서
a cavalo	말을 타고

cf. de pé는 em pé와 함께 '서서'의 의미임에 유의하자.

　　Eu estou de pé /em pé.　　　　나는 서 있다.

◉ Psiu

✎ 소유주가 있는 교통수단

대다수의 교통수단에 전치사 de가 사용되지만, 교통수단의 소유주가 표시될 때는 전치사 em + 정관사 형태로
바뀌는 것에 유의하자.

de carro (자동차로)

no meu carro (내 차로)

no carro do Sílvio (실비우의 차로)

no avião da Tam (Tam 항공사 비행기로)

no voo das 20 horas pela Tam (Tam 20시 항공편으로)

Na rua

길에서

Informação cultural

브라질은 일방통행이 많아 처음 운전하는 사람들은 매우 주의하여야 한다. 그리고 찾는 장소를 잘 몰라 현지인들에게 길을 물어보면 열명 중 여덟, 아홉은 친절하게 대답해 줄 것이다. 자신이 잘 모르면 주위 사람에게 물어서라도 알려주려 한다. 가끔은 엉뚱한 방향을 일러줘 낭패를 보기도 하지만 그 이면에는 틀리는 한이 있어도 알려주고 싶은 친절함이 배어있다. 때로는 자신을 따라오라고 하여 찾는 건물이 보이는 곳까지 가서 손으로 가리켜 주는 과잉친절도 베풀어준다. 그들은 우리처럼 삶이 그리 빡빡하지 않아 보이며 그들이 외국인에게 베풀어주는 친절이야말로 '따봉' 인 듯하다.

지하철을 기다리는 상파울루 시민들

TEMA 9
21 버스정류장이 어디 있죠?   22 이빠랑가대로와 루까스지올리베이라로가 만나는 곳으로 가 주세요.
교통수단을 이용하다. :: 차를 얻어 탈 수 있는지... 안되면 버스정류장이 어디 있는지 물어봐야지. 택시 타는 것도
필수! 목적지까지 택시 타고 가본다~

버스정류장이 어디 있죠? Onde fica a parada de ônibus?
옹지　피까　아 빠라다　지　오니부스

21
Lição

장소에 대한 위치 표현에 대하여 알아보고 버스와 지하철 관련 어휘들을 잘 익히도록 하며 dar동사의 자주 쓰이는 표현에 대하여도 잘 알아두자.

Diálogo

A : Por acaso, você pode me dar uma carona?
　　뽀르 아까주　보쎄　뽀지　미　다르 우마　까로나
B : Desculpe. Eu quero mas agora não posso. É melhor pegar o ônibus T8.
　　지스꾸우삐　에우 께루　마스 아고라 너웅 뽀쑤　에 멜료르　뻬가르 우 오니부스 떼 오이뚜
A : Onde fica a parada de ônibus?
　　옹지　피까 아 빠라다　지 오니부스
B : Na frente do supermercado ali.
　　나 프렝치　두 쑤뻬르메르까두　알리

[Na parada de ônibus]
A : Esse ônibus passa pela Avenida Protásio Alves?
　　에씨 오니부스 빠싸　뻴라 아베니다　쁘로따지우 아우비스
B : Sim, passa.
　　씽　빠싸

Vocabulário

por acaso 혹시

dar 주다

carona (f) 차 태워주기

querer 원하다(quero는 1인칭단수 현재)

mas 하지만

poder 할 수 있다(posso는 1인칭단수 현재)

parada (f) 정류장

frente (f) 앞

supermercado (m) 슈퍼마켓

passar 지나가다(passa는 3인칭단수 현재)

A : 혹시 당신 차 좀 태워줄 수 있어요?

B : 미안해요. 그러고 싶은데 지금은 그럴 수
　　가 없어요. T8버스를 타는 게 낫겠어요.

A : 버스정류장이 어디 있죠?

B : 저기 슈퍼마켓 앞에요.

[버스정류장에서]

A : 이 버스가 쁘로따지우알비스 대로
　　를 지나가나요?

B : 예, 지나갑니다.

Expressão

✎ Por acaso, você pode me dar uma carona?

Por acaso(혹시)는 Se por acaso(만약 혹시)라고도 쓰고 se없이 써도 된다.

✎ Eu quero mas agora não posso.

Eu quero (~) mas agora não posso.는 '(~) 하고 싶지만 지금은 할 수 없다' 는 표현. 조동사 역
할로 쓰임이 빈번한 querer와 poder동사가 동시에 쓰인 경우로 완곡하게 거절할 때 자주 쓰인다.

✎ Na frente do supermercado ali.

'~의 앞에' 는 na frente de 혹은 em frente a 를 사용한다. 또 다른 위치 표현은 다음과 같다.

atrás de	~뒤에
ao lado de	~옆에
fora de	~밖에
dentro de	~안에
em cima de	~위에
embaixo de	~아래에
entre A e B	A와 B사이에

✎ Esse ônibus passa pela Avenida Protásio Alves?

'~를 통해 지나가느냐' 는 의미로 passar por를 사용한다. 길의 이름이 주소로 사용될 때는
Avenida(대로, 줄여서 Av.)와 Rua(로, 줄여서 R.)를 앞에 붙인다. 그 밖에도 상파울루 지역은
Alameda(가로수길, 줄여서 Al.)라는 명칭도 사용한다.

Av. Paulista 200.	아베니다 빠울리스따 200번지
R. República 300.	후아 헤뿌블리까 300번지
Al. Santos 400.	알라메다 상뚜스 400번지.

◉•Sistematização

✏ dar동사의 실용표현

대부분 '~(해)주다, ~되다' 를 통하여 의미를 유추할 수 있다.

– dar certo	잘 되다. 성취하다
Não deu certo.	잘 안되었다.
– dar duro	열심히 하다
Ela deu duro nisso.	그녀는 그것에 대해 열심히 하였다.
– dar trabalho	많은 일을 하게 하다
Este livro deu trabalho.	이 책은 많은 일을 하게 하였다.
– dar um jeito	방법을 찾아보다
Eu vou dar um jeito nisso.	내가 그것에 대해 뭔가 방법을 찾아보겠다.
– dar uma olhada	훑어보다
Você deu uma olhada no prédio?	당신은 그 건물을 훑어봤어요?
– dar uma saída	나가다. 나오다
Ele deu uma saída mas já vai voltar.	그는 나갔지만 곧 들어올 것이다.
– dar uma volta	산책하다
Eu gosto de dar uma volta à noite.	나는 밤에 산책하는 것을 좋아한다.

◉•Psiu

✏ 버스 관련 어휘

정류장	parada, ponto
종점	ponto final
요금	tarifa
운전사	motorista
요금 받는 사람	cobrador(a)
타다	tomar
내리다	descer
타는 문	entrada
내리는 문	saída

✏ 지하철 관련 어휘

역	estação
플랫폼	plataforma
매표소	bilheteria
타는 곳	embarque
내리는 곳	desembarque
환승	baldeação
입구	entrada
출구	saída

일반버스는 요금이 저렴하고 배차간격이 짧으며 버스 전용차선제를 실시해 운행시간이 줄어들고는 있지만 노선안내가 잘 되어있지 않아 특히 대도시의 경우엔 불편한 점이 많다. 버스 안에는 요금을 징수하는 사람이 한 명 앉아있으며 카드기를 이용하거나 현금이나 토큰(ficha)으로 요금을 낸다. 한편 지역에 따라 미니 좌석버스(lotação)가 있는데 노선대로 움직이나 택시처럼 세워서 타고 원하는 곳에서 내릴 수 있어 버스와 택시의 중간단계로서 이용할 만 하다. 지하철은 상파울루에서나 비교적 잘 운영될 뿐, 다른 도시에서는 아직 효율적인 노선이 별로 없어 우리나라처럼 대표적인 교통수단이 되지 못하고 있다.

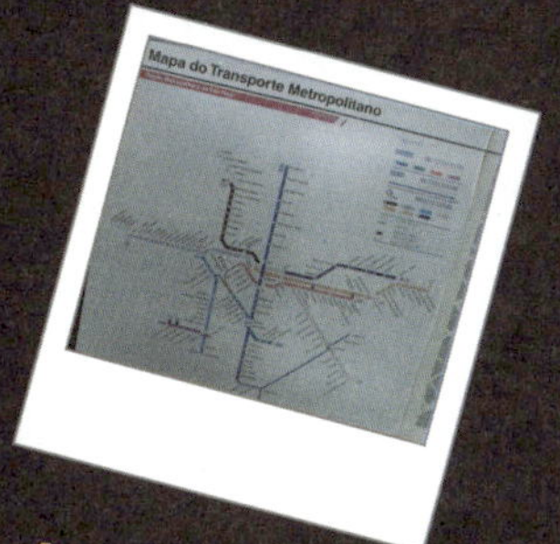

Ônibus e Metrô

버스와 지하철

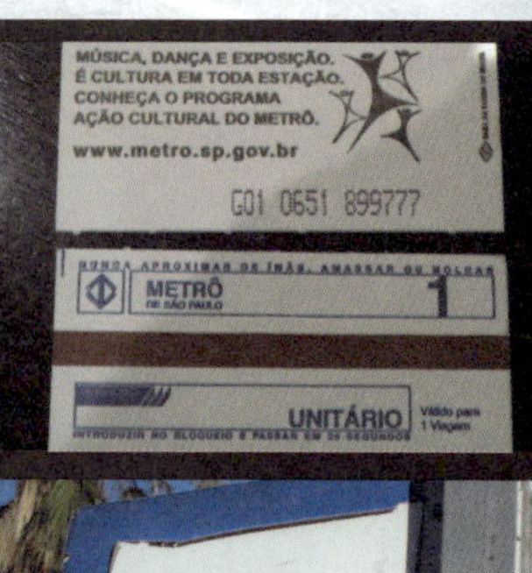

이삐랑가 대로와 루까스지올리베이라 로가 만나는 곳으로 가 주세요.
Para a Av. Ipiranga com a R. Lucas de Oliveira, por favor.

빠라　아 아베니다 이삐랑가　　꽁　아 후아 루까스　지　올리베이라　뽀르 파보르

22
Lição

택시 탈 때 사용하는 표현과 어휘들을 잘 익히고 por favor가 사용되는 다양한 상황에 대하여 잘 이해하도록 하자.

🎧 Diálogo

A : Boa tarde. Para a Avenida Ipiranga com a Rua Lucas de Oliveira, por favor.
보아 따르지 빠라 아 아베니다 이삐랑가　꽁　아 후아 루까스 지 올리베이라 뽀르 파보르

B : Sim, senhor.
씽　씽요르

[trinta minutos depois]

B : Está bom por aqui?
이스따 봉　뽀르 아끼

A : Está legal. Quanto é?
이스따 레가우 꽝뚜　에

B : Dezenove reais e sessenta centavos.
데제노비　헤아이스 이 쎄쎈따　쎙따부스

A : Olha aqui. Pode ficar com o troco.
올랴 아끼 뽀지 피까르 꽁　우 뜨로꾸

B : Obrigada.
오브리가다

🔵 Vocabulário

para ～로
com ～와 함께
favor (m) 호의
legal 좋은
olhar 쳐다보다(olha는 3인칭단수 현재, 명령적 사용)
poder 할 수 있다(pode는 3인칭단수 현재)
ficar 있다
troco (m) 거스름돈

A : 안녕하세요. 이삐랑가 대로와 루까스지올리베이라 로가 만나는 곳으로 가 주세요.

B : 예, 손님.

[30분 후]

B : 여기서 세워드릴까요?

A : 좋습니다. 얼마에요?

B : 19헤알 60센따부입니다.

A : 여기 있어요. 거스름돈은 가지세요.

B : 고맙습니다.

◉ Expressão

✎ **Para a Avenida Ipiranga com a Rua Lucas de Oliveira, por favor.**

Para A com B, por favor.는 택시 운전사에게 어디로 가자고 할 때 특정한 이정표 없이 길 이름으로만 설명할 때 쓰는 대중적인 표현이다. 즉 'Para A'는 A길로 가 달라는 얘기인데 'com B'를 말함으로써 B길과 만나는 코너, 즉 A길과 B길이 만나는 곳에 세워달라는 뜻으로 이해하면 된다.

✎ **Está bom por aqui?**

여기서 전치사 por는 '~쯤'의 의미로 이해하면 된다. 따라서 por aqui는 '여기쯤'이란 뜻이고 '거기쯤'이라고 말하려면 por aí 라고 하면 된다.

✎ **Quanto é?**

가격을 묻는 가장 일반적인 표현으로 택시뿐만 아니라 식당, 슈퍼, 상점, 호텔 등에서 자주 쓰이며 Quanto custa?라고 물어도 된다.

✎ **Pode ficar com o troco.**

직역을 하면 '거스름돈과 함께 있어도 되요', 즉 '거스름돈은 가지세요'라는 의미로 ficar com은 ter(가지다)의 의미이다. 택시나 식당에서 자주 쓸 수 있는 표현이며 Pode guardar o troco라고 해도 좋다.

✎ **troco(거스름돈)와 trocado(잔돈)**

troco는 trocado일 수 있지만 trocado는 troco일 수 없기에 두 의미를 잘 기억해 두자.

◎• Sistematização

✍ por favor의 미학

por favor는 '부탁합니다(please)'의 의미로 언제 어디서나 다양한 상황에서 사용할 수 있다. 특히 동사변화를 전혀 알지 못하는 사람도 적당한 동작이나 단어 하나에 por favor만 적절히 사용한다면 웬만한 의사소통을 할 수 있으니 por favor의 위력은 가히 대단하다.

택시에서 주소를 보여주며 por favor. (이 주소로 가 주세요)

지도를 가리키며 por favor. (여기 가는 길 좀 알려주세요)

웨이터를 부르며 por favor. (여기로 와 주세요)

음식을 가리키며 por favor. (이 것으로 갖다 주세요)

상품을 가리키며 por favor. (이 것을 보여주세요)

상품을 점원에게 주며 por favor. (이 것을 살게요)

사람에게 자리를 가리키며 por favor. (여기 앉으세요)

단어 하나를 말한 뒤에 por favor. (~ 부탁해요)

◎• Psiu

✍ 택시 관련 어휘

택시 부르다	chamar um táxi
택시 잡다	pegar um táxi
택시 승차장	ponto de táxi
비어 있는	livre
타고 있는	ocupado
요금	tarifa
할증표시	bandeira
기본요금	tarifa mínima
운전사	motorista
거스름돈	troco

Informação cultural

택시는 아주 흔하게 볼 수 있으며 실제로 택시 제도는 잘 발달되어 있다. 일반요금을 받는 콜택시 개념의 뗄레딱시(Teletáxi) 를 전화로 불러서 이용할 수 있어 매우 편하며, 시내에는 택시 승차장(ponto) 마다 택시가 줄지어 서서 손님을 기다리고 있기에 직접 가서 타는 게 일반적이며 물론 지나가는 택시를 잡아 탈 수도 있다. 택시의 색깔은 상파울루 일반택시가 흰색, 리우데자네이루는 노란색, 뽀르뚜알레그리는 빨간색 등으로 도시에 따라 색깔을 달리한다. 도시 별로 기본요금은 차이가 있고 할증요금은 평일 밤 10시부터 새벽 6시까지 그리고 일요일 및 공휴일에 적용된다.

Táxi

택시

상파울루의 대중적인 브라질 음식점

23 식당을 한군데 추천해주실래요?   24 저녁 7시 반으로 예약하고 싶어요.   25 메뉴판 부탁해요.
26 전 아주 찬 생맥주 한잔 마시는 게 낫겠어요.   27 계산서 부탁해요.
식사하러 가다. ∷ 식당을 추천해 달라고 하여 예약까지 OK. 식당에서 가서는 입맛에 맞게 주문하여 잘 먹고
계산까지 확실히!

식당을 한군데 추천해주실래요? Poderia me recomendar um restaurante?

뽀데리아　미　헤꼬멩다르　웅　헤스따우랑치

23 Lição

육류, 어류의 명칭을 익히도록 하고 'É ~ que...' 강조용법 및 관계대명사 que의 용법과 더불어 관사의 형태도 잘 알아두자.

Diálogo

A : Poderia me recomendar um restaurante?
뽀데리아　미　헤꼬멩다르　웅　헤스따우랑치

B : Que tipo de restaurante você queria?
끼　치뿌　지　헤스따우랑치　보쎄　께리아

A : Eu gostaria de experimentar uma comida típica da região.
에우 고스따리아 지 이스뻬리멩따르　우마　꼬미다　치삐까 다 헤쥐어웅

B : Então, o que você acha de uma churrascaria?
잉떠웅　우 끼　보쎄　아샤　지　우마　슈하스까리아

A : É exatamente isso que eu queria.
에 이자따멩치　이쑤　끼　에우 께리아

B : Vamos logo!
바무스　로구

Vocabulário

poder 할 수 있다(poderia는 1,3인칭단수 과거미래)

recomendar 추천하다

restaurante (m) 식당, 레스토랑

querer 원하다(queria는 1,3인칭단수 불완전과거)

gostar 원하다(gostaria는 1,3인칭단수 과거미래)

experimentar 먹어보다, 입어보다, 경험하다

comida (f) 음식

típico/a 전통적인

região (f) 지역

churrascaria (f) 슈하스까리아, 슈하스꾸 식당

exatamente 정확히

A : 식당을 한군데 추천해주실래요?

B : 어떤 종류의 식당을 원해요?

A : 이 지역의 전통요리를 맛보고 싶어요.

B : 그럼, 슈하스까리아 어때요?

A : 내가 원했던 것이 바로 그거에요.

B : 바로 가죠!

◎• Expressão

🖋 Eu gostaria de experimentar ~.

gostar동사의 과거미래형으로 'gostaria de ~'는 ' ~하고 싶습니다' 라는 의미의 완곡한 표현이다. querer의 불완전과거 형태를 사용하여 'queria~'를 사용해도 유사한 의미가 된다. experimentar 는 음식에 사용하면 '먹어보다', 옷에 사용하면 '입어보다' 의 의미가 된다. 즉 experimentar동사는 '경험하다' 의 의미로 상황에 따라 적절히 활용할 수 있다.

Posso experimentar esta comida?　　　이 음식을 먹어봐도 되요?

Posso experimentar esta saia?　　　이 치마를 입어봐도 되요?

🖋 comida típica da região

comida típica는 prato típico로 써도 되며 그 지역의 '전통요리' 란 의미이다.

🖋 É exatamente isso que eu queria.

'É ~ que ...' 강조용법으로, É와 que를 삭제하더라도 문장이 구성되지만 '~부분' 을 강조하기 위해 사용된다.

Eu queria exatamente isso.　　　나는 바로 그것을 원했다.

É exatamente isso que eu queria.　　　내가 원했던 것이 '바로 그거' 에요.

Ela tomou esta cerveja.　　　그녀는 이 맥주를 마셨다.

É ela que tomou esta cerveja.　　　이 맥주를 마신 사람은 '그녀' 다.

É esta cerveja que ela tomou.　　　그녀가 마신 것은 '이 맥주' 다

◉• Sistematização

✎ 정관사와 부정관사

〈정관사〉	단수	복수
남성	o	os
여성	a	as
〈부정관사〉	단수	복수
남성	um	uns
여성	uma	umas

부정관사는 단수인 경우 '하나의, 어떤' 이란 의미이다. 복수로 사용될 경우엔 '몇몇의' 라는 의미가 된다.

✎ 관계대명사 que의 용법

명사를 단어가 아닌 문장으로 수식하고자 할 때 관계대명사를 사용하며 대표적인 것이 que이다.
Ele é o amigo que me deu um vinho.　　　　　그는 내게 포도주를 준 친구이다.
Minha esposa gostou da blusa que eu comprei.　아내는 내가 산 블라우스를 좋아했다.

◉• Psiu

✎ 육류 및 어류

브라질식바비큐	churrasco	양고기	carneiro
안심	filé-mignon	칠면조	peru
등심	picanha	생선	peixe
갈비	costela	새우	camarão
살코기	filé	대구	bacalhau
스테이크	bife	게	caranguejo
쇠고기	carne de vaca, carne bovina	연어	salmão
돼지고기	carne de porco, carne suína	가재	lagosta
닭고기	frango	굴	ostra
닭 심장	coração		

브라질은 다양한 민족의 문화가 혼합돼 있고 다양한 음식이 공존하는 독특한 음식문화를 가지고 있다. 하지만 공통적으로 아침식사는 커피 한 잔과 빵, 치즈, 햄, 달걀, 우유, 주스, 과일 등을 간단하게 먹는다. 점심과 저녁은 다양한 형태의 음식을 접할 수 있는데 그 중 브라질의 대표음식으로는 브라질식 바비큐 슈하스꾸(churrasco)와 과거 흑인노예의 음식으로 돼지꼬리, 족발, 소시지 등을 검은 콩과 함께 삶아 먹는 페이조아다(feijoada)가 유명하다. 브라질 사람들의 주식은 쌀, 고기, 감자, 야채 등이며 밥에 콩죽(feijão)을 소스처럼 비벼서 먹는 것이 특징이다. 브라질 음식은 대부분 우리나라 사람들의 입맛에도 잘 맞는다.

Comidas

음식문화

저녁 7시 반으로 예약하고 싶어요.
Eu queria fazer uma reserva para as sete e meia da noite.

에우 께리아 파제르 우마 헤제르바 빠라 아스 쎄치 이 메이아 다 노이치

주요 식료품의 명칭을 익히도록 하고 과거분사의 역할과 fazer동사의 자주 쓰이는 표현에
대하여도 잘 알아두자.

🎧 Diálogo

A : Eu queria fazer uma reserva para as sete e meia da noite.
에우 께리아 파제르 우마 헤제르바 빠라 아스 쎄치 이 메이아 다 노이치

B : Sim, senhor. Quantas pessoas?
씽 씽요르 꽝따스 뻬쏘아스

A : Quatro.
꽈뜨루

B : Como é seu nome?
꼬무 에 우 쎄우 노미

A : É Beto.
에 베뚜

B : Está reservado, seu Beto. Quatro pessoas para as sete e meia da noite.
이스따 헤제르바두 쎄우 베뚜 꽈뜨루 뻬쏘아스 빠라 아스 쎄치 이 메이아 다 노이치

🔵 Vocabulário

fazer ~하다

reserva (f) 예약

quantos/as 몇

pessoa (f) 사람

como 어떻게

nome (m) 이름

reservado/a 예약된

seu 당신의, ~님(Senhor(Sr.)의 구어체 표현)

A : 저녁 7시 반으로 예약하고 싶어요.

B : 예, 손님. 몇 명이죠?

A : 4명이에요.

B : 이름이 어떻게 되세요?

A : 베뚜에요.

B : 예약되었습니다, 베뚜님. 저녁 7시 반으로 4명이요.

⊙• Expressão

✎ Eu queria fazer uma reserva para as sete e meia da noite.

fazer uma reserva(예약하다)는 reservar동사를 써도 되지만 fazer(하다)동사와 명사 reserva(예약)를 이용하여 fazer uma reserva(예약을 한 건 하다)처럼 쓰는 것이 더 고급스러운 표현이다.

✎ Quantas pessoas?

Quanto는 양(=How much)의 의미일 때는 변화하지 않지만 수(=How many)의 의미일 때 는 명사의 성수에 일치시켜 Quanto, Quanta, Quantos, Quantas로 변화한다.
Quantos livros você tem?　　　　당신은 몇 권의 책을 가지고 있어요?
Quantas alunas você encontrou hoje? 당신은 오늘 몇 명의 여학생을 만났어요?

✎ Está reservado.

reservado는 '예약된'의 의미. 과거분사 형태로 형용사의 역할을 한다.

＊과거분사 형태
-ar동사는 -ado : atrasar-atrasado(늦은)
-er/-ir동사는 -ido : prometer-prometido(약속된), demitir-demitido(해고된)

✎ seu Beto.

seu는 '당신의 (것)'이라는 의미의 소유대명사지만, 구어체에서는 Senhor(Sr.)의 의미로도 사용되므로 seu 다음에 이름이 오면 '~님'의 뜻이다.

◉·Sistematização

✒ fazer동사의 실용표현

- fazer a barba   면도하다
  Amanhã de manhã vou fazer a barba.   내일 아침에 나는 면도할 것이다.
- fazer alguém feliz   ~을 행복하게 하다
  Meu filho me fez muito feliz.   내 아들은 나를 아주 행복하게 하였다.
- fazer amizade   친구를 사귀다
  Demorei muito tempo para fazer amizade.   난 친구를 사귀기 위해 오랜 시간이 걸렸다.
- fazer bagunça   엉망으로 만들다
  As crianças só fazem bagunça.   아이들은 단지 엉망으로 만들 뿐이다.
- fazer barulho   시끄럽게 하다
  Ela faz muito barulho.   그녀는 정말 시끄럽다.
- fazer hora-extra   시간외 근무를 하다
  Preciso fazer hora-extra hoje à noite.   난 오늘 밤 야근을 해야 한다.
- fazer o quê?   어쩌겠는가?
  Você não quer trabalhar mas fazer o quê, né?   당신은 일하고 싶지 않지만 어쩌겠는가?
- fazer regime   다이어트하다
  Não vou comer mais porque estou fazendo regime.   다이어트 중이라서 더 안 먹겠다.
- fazer sentido   의미를 지니다
  O que eu falei fez muito sentido.   내가 말한 것은 많은 의미를 지녔다
- fazer sucesso   성공하다
  Ele vai fazer sucesso nesta vez.   그는 이번엔 성공할 것이다.

◉·Psiu

✒ 주요 식료품 및 양념

쌀	arroz	햄	presunto	파	cebolinha	설탕	açúcar
콩	feijão	치즈	queijo	토마토	tomate	소금	sal
국수	massa	버터	manteiga	상추	alface	마늘	alho
달걀	ovo	잼	geleia	버섯	cogumelo	식쵸	vinagre
소시지	salsicha			피망	pimentão	겨자	mostarda
옥수수	milho	감자	batata	무	nabo	기름	óleo
참치	atum	양파	cebola	배추	acelga		
빵	pão	당근	cenoura	양배추	repolho		

브라질의 대표적인 음식으로 맨 먼저 떠오르는 것은 뭐니뭐니해도 슈하스꾸이다. 브라질식 바비큐로 각종 고기의 부위를 숯불에 구워 먹는 음식으로 각종 파티의 주메뉴이다. 전문식당인 슈하스까리아 (churrascaria)에 가면 웨이터들이 구워진 고기가 끼워진 기다란 꼬챙이를 들고 다니며 다양한 부위의 쇠고기, 돼지고기, 닭고기, 양고기, 소시지, 마늘빵 등을 서빙해 준다. 인기 있는 고기부위로는 등심(picanha), 안심(filé mignon), 갈비(costela), 닭염통(coração) 등이 있으며 대부분 만죠까 가루 (farinha)를 묻혀서 먹는다.

Churrasco

슈하스꾸

메뉴판 부탁해요. O cardápio, por favor.
우 　까르다삐우　　　　　뽀르　파보르

25 Lição

주문과 관련된 표현들과 과일의 명칭을 익히도록 하고 deixar 사역동사의 사용에 대하여 잘 알아두자.

Diálogo

A : O cardápio, por favor.
　우 까르다삐우　뽀르 파보르

B : Sim, senhor. O que você quer pedir?
　씽　씽요르　우 끼 보쎄　께르 뻬지르

A : Deixa eu ver... Quero um filé acebolado e um arroz branco.
　데이샤 에우 베르 께루　웅 필레 아쎄볼라두　이 웅 아호스 브랑꾸

B : Bem passado, ao ponto ou malpassado?
　벵　빠싸두　아우 뽕뚜　오우 마우빠싸두

A : Bem passado.
　벵　빠싸두

B : E a bebida?
　이 아 베비다

A : Um guaraná com gelo e limão, por favor.
　웅　과라나　꽁 젤루 이 리머웅　뽀르 파보르

Vocabulário

cardápio (m) 메뉴판
pedir 요구하다, 주문하다
deixar 놔두다(deixa는 3인칭단수 현재, 명령적 사용)
ver 보다
filé (m) 살코기
acebolado 양파로 만들어진, 양파 맛 나는
arroz (m) 쌀, 밥
branco/a 흰
bem 잘
ponto (m) 점, 지점

malpassado/a 덜 익은
bebida (f) 음료
guaraná (m) 과라나(음료수)
gelo (m) 얼음
limão (m) 레몬

A : 메뉴판 부탁해요.

B : 예, 손님. 뭘 주문하시겠어요?

A : 한번 봅시다... 양파 곁들인 고기와 흰 밥을 원해요.

B : 고기는 잘 익힐까요, 미디엄으로 할까요, 덜 익힐까요?

A : 잘 익혀주세요.

B : 그리고 음료는요?

A : 과라나에 얼음과 레몬 넣어서 주세요.

Expressão

✎ O cardápio, por favor.

'메뉴판 부탁해요', 즉 '메뉴판을 갖다 주세요'. cardápio는 menu라고도 한다.

✎ O que você quer pedir?

pedir의 일반적인 의미는 '요구하다, 요청하다'. 식당에서 사용하면 '주문하다'의 뜻이 된다.

✎ Deixa eu ver.

Deixa-me ver (Let me see)의 구어체 표현으로 목적격대명사 me가 주격인칭대명사 eu로 쓰인 경우이다.

✎ Bem passado, ao ponto ou malpassado?

bem passado	ao ponto	malpassado
잘 구운(익힌)	미디엄	덜 구운(익힌)

고기를 굽는 정도에 따라 이와 같이 세 종류가 있다.

✎ E a bebida?

식사를 시키면 마지막으로 어떤 음료를 마실 지 물어보는 게 순서이다.
한편 '(어떤 음료를) 마시다'는 tomar동사와 beber동사를 사용할 수 있는데, beber동사는 단독으로 쓰일 때 '술마시다'라는 뜻으로도 사용되므로 유의한다.

Eu quero tomar água.   물 마시고 싶다.
Eu quero beber água.   물 마시고 싶다
Eu quero tomar uma cerveja.   맥주 한잔 마시고 싶다.
Eu quero beber uma cerveja.   맥주 한잔 마시고 싶다.
Eu quero beber.   술 마시고 싶다.
bebida (f) 음료 – 동사는 beber(마시다)
comida (f) 음식 – 동사는 comer(먹다)

◉ Sistematização

✎ 사역동사로 쓰이는 Deixar동사

'~을 ~하게 놔두다' 라는 의미로 사용된다.

Deixa eu ver.	내가 보게 나둬. 내가 한번 볼게.
Deixa eu verificar.	내가 확인하게 놔둬. 내가 확인해 볼게.
Deixa eu apresentar.	내가 소개하게 놔둬. 내 소개할게.
Vou deixar você comer tudo.	네가 전부 먹게 나둘게.
Meu pai deixou eu viajar com ela.	아빠는 내가 그녀와 함께 여행하게 놔뒀다.
Minha mãe não deixa eu sair à noite.	엄마는 내가 밤에 나가게 놔두지 않는다.

◉ Psiu

✎ 과일(fruta)

오렌지	laranja		바나나	banana
파인애플	abacaxi		귤	tangerina
사과	maçã		코코넛	coco
배	pera		무화과	figo
복숭아	pêssego		자두	ameixa
레몬	limão		체리	cereja
딸기	morango		감	caqui
포도	uva		아보카도	abacate
수박	melancia			
파파야	mamão			
망고	manga			
메론	melão			

〈사진〉 거리의 각종 가게들

Pais e filhos

부모와 자녀관계

Informação cultural

브라질에서 부모와 자녀의 관계는 엄격하기 보다는 자유로운 편이다. 가족끼리 레스토랑에 함께 가는 경우도 어느 나라 못지 않게 자주 볼 수 있다. 브라질 사람들은 자신의 아이든 아니든 애정을 갖고 관대하게 아이들을 대하며 성장해 가면서도 부모자식관계는 친구처럼 아주 친근하다. 예를 들어, 엄마와 다 큰 아들이 손을 꼭 잡고 거리를 걷는 모습, 아빠와 대학생 딸이 축구장에 가서 함께 심판을 격렬히 욕하고 또 어깨동무하며 응원하는 모습 등 부모와 자식 간에 보이는 그들의 모습은 부러움을 지나쳐 가끔은 상상을 초월하기도 한다.

전 아주 찬 생맥주 한잔 마시는 게 낫겠어요.
Eu prefiro tomar um chope bem gelado.

에우　쁘레피루　　또마르　　웅　　쇼삐　　벵　　젤라두

26
Lição

음료와 관련된 어휘들을 정복하고 preferir동사의 활용에 유의하며 tomar동사의 자주 쓰이는 표현에 대하여도 잘 알아두자.

🎧 Diálogo

A : O que você quer comer?
　　우 끼 보쎄 께르 꼬메르

B : Não quero comer nada. Não estou com vontade de comer.
　　너웅 께루 꼬메르 나다 너웅 이스또우 꽁 봉따지 지 꼬메르

A : Eu também não. Então, vamos tomar um drinque?
　　에우 땅벵 너웅 잉떠웅 바무스 또마르 웅 드링끼

B : Tá bom então. Só quero um suco de laranja. E você?
　　따 봉 잉떠웅 쏘 께루 웅 쑤꾸 지 라랑쟈 이 보쎄

A : Eu prefiro tomar um chope bem gelado. Estou com tanta sede.
　　에우 쁘레피루 또마르 웅 쇼삐 벵 젤라두 이스또우 꽁 땅따 쎄지

B : Ah, eu também quero um chope. Vamos chamar o garçom!
　　아 에우 땅벵 께루 웅 쇼삐 바무스 샤마르 우 가르쏭

🔵 Vocabulário

comer 먹다

nada 아무 것도, 하나도

vontade (f) 의지

drinque (m) 음료, 술

suco (m) 주스

laranja (f) 오렌지

preferir 선호하다(prefiro는 1인칭단수 현재)

chope (m) 생맥주

gelado/a 얼은, 찬

tanto/a 너무

sede (f) 갈증

chamar 부르다

garçom (m) 웨이터

A : 뭘 드시겠어요?

B : 아무 것도 먹고 싶지가 않네요. 식욕이 없어요.

A : 저도요. 그럼 음료나 한잔 할까요?

B : 좋아요 그럼. 전 오렌지주스나 한잔 할게요. 당신은요?

A : 저는 아주 찬 생맥주 한잔 마시는 게 낫겠어요. 목이 너무 말라서요.

B : 아 저도 생맥주로 할래요. 웨이터를 부르죠!

Expressão

✏ Não estou com vontade de comer.

estar com vontade de~는 '~하려는 의지를 가지고 있다', 즉 '~하고 싶다'는 표현이다.

Estou com vontade de viajar pelo Brasil.	브라질 전역을 여행하고 싶다.
assistir ao filme.	영화를 보고 싶다.
jogar futebol.	축구를 하고 싶다.
aprender português.	포어를 배우고 싶다.
ir à festa.	파티에 가고 싶다.

✏ Eu prefiro tomar um chope bem gelado.

preferir A (a B)는 '(B보다) A를 선호하다'라는 의미로 비교대상 없이도 자연스럽게 쓰인다. preferir동사는 특히 1인칭단수 현재형만이 불규칙인 동사이므로 같은 형태의 동사들과 함께 알아두도록 하자.

동사원형	의미	1인칭단수 현재형
preferir	선호하다	prefiro
sentir	느끼다	sinto
mentir	거짓말하다	minto
vestir	옷입다	visto
seguir	따라가다	sigo
conseguir	성취하다	consigo

✏ Estou com tanta sede.

tanto/a로 명사 sede를 수식함으로써 '너무 목이 마르다'는 의미를 표현한다.

Estou com sede.	난 목이 마르다
Estou com muita sede.	난 아주 목이 마르다.
Estou com tanta sede.	난 너무 목이 마르다.

Sistematização

✎ tomar동사의 실용표현

- tomar banho   목욕하다
  Eu vou tomar banho para relaxar.   나는 긴장을 풀기 위해 목욕할 것이다.
- tomar conta de   돌보다
  Hoje preciso tomar conta do filho dele.   오늘 그의 아들을 돌봐야 한다.
- tomar cuidado   조심하다
  Você pode viajar mas tem que tomar cuidado.   여행가도 되지만 조심해야 한다.
- tomar parte   참가하다
  Meu amigo também veio para tomar parte.   내 친구 역시 참가하러 왔다.
- tomar sol   일광욕을 하다
  Ela foi à praia para tomar sol.   그녀는 일광욕을 하러 해변에 갔다.
- tomar uma atitude   태도를 취하다
  O ministro ainda não tomou nenhuma atitude.   장관은 아직 아무런 태도도 취하지 않았다.
- tomar uma decisão   결정하다
  Você tem que tomar uma decisão agora.   너는 지금 결정해야 한다.

Psiu

✎ 물(água)

생수   água mineral
토닉워터   água tônica
가스 없는 물   água sem gás
가스 있는 물   água com gás

✎ 커피(café) 와 차(chá)

작은 잔의 커피   cafezinho
까페라떼   café com leite
홍차   chá preto
녹차   chá verde
레몬차   chá com limão

✎ 주스(suco)

오렌지주스 suco de laranja
파인주스   suco de abacaxi
마라꾸자 주스
     suco de maracujá
망고주스   suco de manga
파파야주스 suco de mamão
포도주스   suco de uva
우유   leite
핫초코   chocolate

✎ 탄산음료(refrigerante)

과라나   guaraná
콜라   coca-cola, pepsi-cola
스프라이트 sprite

✎ 술(bebida alcoólica)

맥주   cerveja(Bohemia, Skol, Brahma, Antarctica, Polar, Nova Schin, Itaipava, Kaiser 등)
생맥주   chope
포도주   vinho
위스키   uísque
칵테일   coquetel
까샤싸   cachaça
까이삐링야 caipirinha
보드카   vodca
까이삐로스까 caipirosca

Bebidas

음주문화

Informação cultural

브라질에는 사탕수수 발효주인 까샤싸(cachaça)에 라임, 설탕, 얼음을 넣어 만든 까이삐링야(caipirin-ha)라는 전통 칵테일이 있으며, 까샤싸 대신 보드카를 넣어 만든 까이삐로스까(caipirosca)도 있다. 도수가 40도이면서 달콤쌉싸름한 맛이 일품이다. 그 외에 브라질에서는 포도주가 유명하고 맥주가 대중적이다. 한편 브라질의 음주문화는 자작문화다. 즉 우리처럼 예의를 갖춰 상대방의 술잔에 술을 따라주는 것이 아니라 자신이 마실 만큼 알아서 따라 마시는 문화다. 또한 우리가 일명 '원샷' 문화라면

계산서 부탁해요. A conta, por favor.
아 꽁따 뽀르 파보르

27 Lição

식당과 관련된 어휘들을 익히고 과거분사의 불규칙형태에 대하여 잘 알아두자.

🎧 Diálogo

A : A conta, por favor.
아 꽁따 뽀르 파보르

B : Está satisfeito?
이스따 싸치스페이뚜

A : Comi demais. A comida estava muito gostosa.
꼬미 지마이스 아 꼬미다 이스따바 무이뚜 고스또자

B : Obrigada. Só um minutinho. Já volto.
오브리가다 쏘 웅 미누칭유 쟈 보우뚜

[cinco minutos depois]

A : Pode ficar com o troco.
뽀지 피까르 꽁 우 뜨로꾸

B : Obrigada. Boa noite.
오브리가다 보아 노이치

🔵 Vocabulário

conta (f) 계산서

satisfeito/a 만족한

comer 먹다(comi는 1인칭단수 완전과거)

demais 과도하게, 지나치게

estar 상태표현(estava는 1,3인칭단수 불완전과거)

gostoso/a 맛있는

minutinho (m) 분(minuto)의 축소형

voltar 돌아오다(volto는 1인칭단수 현재)

troco (m) 거스름돈

A : 계산서 부탁해요.

B : 맛있게 드셨어요?

A : 너무 많이 먹었어요. 음식이 아주 맛있었어요.

B : 감사합니다. 잠깐만요. 금방 올게요.

[5분 후]

A : 거스름돈은 가지세요

B : 고맙습니다. 안녕히 가세요.

◉• Expressão

✓ A conta, por favor.

여기서 conta는 '계산서'를 의미한다. 또 다른 의미 '고지서'와 '계좌'도 자주 쓰이니 상황에 맞게 구분하여 활용하여야 한다.

Poderia me trazer a conta?	계산서를 저한테 가져다 주시겠어요?
Vou pagar a conta de luz.	전기세 고지서를 내겠다.
Eu queria abrir uma conta.	계좌를 열고 싶다.

✓ Está satisfeito?

satisfeito는 satisfazer동사의 과거분사 불규칙 형태로 '만족한다'의 뜻인데 식사 후의 상황에서는 '잘 먹었어요?'의 의미이다. 대답은 역시 Estou satisfeito(배부르다, 잘 먹었다)라고 쓰면 된다.

✓ Comi demais.

demais는 '과도하게, 지나치게'의 의미로 muito보다 훨씬 강한 의미이다.

Ontem eu bebi demais.	어제 과도하게 마셨다, 과음했다.
Este livro é caro demais.	이 책은 지나치게 비싸다.

✓ Boa noite.

저녁 때 만나서 하는 인사 외에도 저녁 때 헤어지는 순간에도 자주 사용된다. 그럴 경우, 상황에 따라 '좋은 밤 되세요', '안녕히 주무세요', '안녕히 가세요' 등의 의미를 갖는다.

◉ Sistematização

✎ 불규칙 과거분사

과거분사(pp) 형태가 -ado, -ido가 아니라 불규칙인 동사들에 대하여 알아두자.

동사원형	의미	pp형
abrir	열다	aberto
cobrir	덮다	coberto
fazer	~하다, 만들다	feito
dizer	말하다	dito
escrever	쓰다	escrito
ver	보다	visto
pôr	놓다, 넣다	posto
gastar	소비하다	gasto
pagar	지불하다	pago
ganhar	얻다, 이기다, (돈)벌다	ganho
vir	오다	vindo

A janela está aberta.   창문이 열려있다.
O trabalho foi bem feito.   일이 잘 되었다.

◉ Psiu

✎ 식당 관련 어휘

메뉴판	cardápio, menu	파스텔	pastel	냅킨	guardanapo
전채요리	entrada	초밥	sushi	웨이터	garçom
애피타이저	aperitivo	식기세트(숟가락+포크+칼)		웨이트리스	garçonete
식사	refeição		talher	계산서	conta
일품요리	prato à la carte	숟가락	colher	계산대	caixa
뷔페	bufê	포크	garfo	요금	preço
수프	sopa	칼	faca	팁	gorjeta
샐러드	salada	접시	prato	영수증	recibo
피자	pizza	컵	copo		
스파게티	espaguete	잔	xícara		

일품요리가 대부분인 우리나라에 비해 브라질은 각종 뷔페 식당이 많이 있다. 특히 점심식사 때는 뷔페식으로 먹지만 접시에 담은 음식의 무게에 따라 가격이 정해지는 뽀르낄루(por quilo) 형태의 식당이 성행한다. 지역에 따라 대규모 혹은 소규모로 운영되며 고기류, 밥류, 스파게티류, 샐러드류의 다양한 음식들이 제공되어 직장인들 사이에 인기가 좋다. 또한 중국식당 역시 뷔페로 제공하는 곳이 많은데 뷔페식당 중 가격대가 가장 싼 편이다. 한편 피자를 무한정 제공하는 피자뷔페(rodízio de pizza)가 있는데 여기에선 30가지 이상의 다양한 피자를 종업원들이 서빙하여 준다. 특히 쵸콜렛, 딸기, 바나나 등을 얹은 단 피자(pizza doce)를 후식처럼 먹는 것도 새로운 경험이다.

Bufê

각종 뷔페

뽀르뚜알레그리의 쁘라이아지벨라스(Praia de Belas) 쇼핑센터

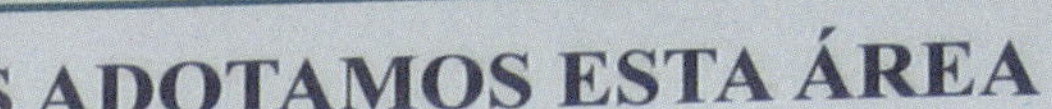

TEMA 11

28 T셔츠 좀 보고 싶어요.　　　29 저 핸드폰을 보여주시겠어요?　　　30 그냥 둘러보는 중이에요.

31 이 스커트를 다른 것으로 교환하고 싶어요.　　　32 카드로 지불할게요.

쇼핑하러 가다. :: 옷 가게에 가서 셔츠를 고르고, 휴대폰 매장에도 간다. 쇼핑센터에서 그냥 한번 쭉 둘러보고 이미 산 스커트도 교환한다. 계산은 현금이 없는데 카드로 할까?

T셔츠 좀 보고 싶어요. Eu queria ver uma camiseta.

에우 께리아   베르 우마   까미제따

28
Lição

옷 가게에서 쓸 수 있는 표현과 의류의 명칭을 익히도록 하고 비교급 용법에 대하여 잘 알아두자.

Diálogo

A : Eu queria ver uma camiseta.
에우 께리아 베르 우마   까미제따

B : Que tal essa amarela? Seu tamanho é 'G'?
끼   따우 에싸 아마렐라   쎄우 따망유   에 제

A : É. Mas essa aqui é muito cara. Aquela azul é mais barata do que essa?
에 마스 에싸 아끼 에 무이뚜 까라 아껠라   아주우 에 마이스 바라따 두 끼 에싸

B : Sim. É mais barata e muito linda também.
씽   에 마이스 바라따 이 무이뚜 링다   땅벵

A : Pois é. Essa azul fica bem em mim. Posso provar?
뽀이스 에 에싸 아주우 피까 벵   잉 밍   뽀쑤   쁘로바르

B : Claro. O provador é ali à direita.
끌라루   우 쁘로바도르   에 알리 아 지레이따

Vocabulário

camiseta (f) T셔츠	provar 시험해보다
esse/a 이(것), 그(것)	provador (m) 탈의실
amarelo/a 노란	direita (f) 오른쪽
tamanho (m) 치수	
caro/a 비싼	
barato/a 싼	
aquele/a 저(것)	
lindo/a 아름다운	

A : T셔츠 좀 보고 싶어요.

B : 이 노란색 어떠세요? 사이즈는 라지인가요?

A : 예. 하지만 여기 이건 아주 비싼데요. 저 파란색이 이것보다 더 싼가요?

B : 예. 더 싸고 그것도 아주 예쁘죠.

A : 그러게요. 이 파란색이 내게 잘 어울려요. 입어봐도 될까요?

B : 물론이죠. 탈의실은 저기 오른쪽이에요.

Expressão

✐ Seu tamanho é 'G'?

tamanho는 '옷의 치수'를 말한다. 일반적으로 P(pequeno, 소), M(médio, 중), G(grande, 대), GG(muito grande, 특대)로 구분된다.

✐ Essa aqui é muito cara.

손으로 가리키며 '여기 이것'이라고 할 때, 가리키는 사물이 남성명사면 esse aqui, 여성명사면 essa aqui라고 말한다. 여기서는 여성명사 camiseta에 대해 말하는 상황이므로 essa aqui라고 하였다.

✐ Aquela azul é mais barata do que essa?

mais ~ do que ...는 비교급 구문으로 '...보다 더 ~한'의 의미를 나타낸다.

✐ Essa azul fica bem em mim.

'잘 어울린다'는 의미로 ficar bem을 사용하며, em mim은 '나에게'란 의미이다.

✐ Posso provar?

Posso experimentar?와 같은 의미로, 목적어가 옷이면 '입어봐도 될까요?', 음식이면 '먹어봐도 될까요'의 의미로 사용된다.

Sistematização

비교급

비교급은 A 와 B를 비교한다고 가정할 때, 의미상 크게 세가지로 나뉜다.

우등비교급	A는 B보다 더 ~하다.
열등비교급	A는 B보다 덜 ~하다.
동등비교급	A는 B만큼 ~하다.

각각의 의미를 표현하기 위해 다음과 같은 형태가 쓰인다.

우등비교급	A 동사 mais (do) que B. Ela come mais (do) que você. 그녀는 너보다 더 먹는다. A 동사 mais 명사/형용사/부사 (do) que B. Ele é mais alto (do) que eu. 그는 나보다 더 키가 크다
열등비교급	A 동사 menos (do) que B. Ele trabalha menos (do) que o pai dele. 그는 그의 아버지보다 덜 일한다. A 동사 menos 명사/형용사/부사 (do) que B. Eu tomei menos cerveja (do) que ela. 나는 그녀보다 맥주를 덜 마셨다
동등비교급	A 동사 tanto quanto B. Eu sei tanto quanto você. 나는 너만큼 안다. A 동사 tão 형용사/부사 quanto B. Ele é tão famoso quanto você. 그는 너만큼 유명하다. A 동사 tanto(s)/tanta(s) 명사 quanto B. Eu comprei tantos livros quanto ela. 나는 그녀만큼 많은 책을 샀다.

Psiu

의류(roupa)

와이셔츠	camisa	짧은 반바지	short	양말, 스타킹	meia
티셔츠	camiseta	넥타이	gravata	남자팬티	cueca
양복	terno	허리띠	cinto	여자팬티	calcinha
쟈켓	paletó	모자(hat)	chapéu	브래지어	sutiã
코트	casaco	야구모자(cap)	boné	원피스수영복	maiô
조끼	colete	원피스	vestido	비키니수영복	biquíni
바지	calça	치마	saia	남자수영복	sunga
버뮤다 반바지	bermuda	블라우스	blusa	여자(끈)수영복	tanga

Shopping

쇼핑센터

Informação cultural

쇼핑센터는 중산층 이상의 고소득층을 중심으로 다소 높은 가격에도 품질과 디자인으로 소비가 결정되는 쇼핑 공간이다. 주차공간과 안락한 구매환경이 매력적이며 우리나라의 백화점에 비해 실내가 넓다. 은행, 식당가, 영화관 등 각종 편의시설이 함께 있기에 쇼핑하기 가장 편리하고 편안한 장소이다. 우리나라의 백화점 형태가 아니라 각각의 독립적인 매장이 모여 쇼핑몰을 이루는 형태를 취하고 있으며, 유명한 대형 쇼핑센터로는 Iguatemi, Ibirapuera, Morumbi, Center Norte 등이 있다. 한편 유명 하이퍼마켓으로 Carrefour, Extra, Pão de Açúcar, Walmart, Bourbon 등이 있고, 유명 가전제품 매장으로 Casas Bahia, Ponto Frio, Lojas Colombo 등이 있다.

저 휴대폰을 보여주시겠어요?
Poderia me mostrar aquele celular?

뽀데리아　　미　　모스뜨라르　　아껠리　　쎌룰라르

29
Lição

액세서리, 보석, 신발, 의류 관련 어휘들을 익히고 가격과 할부 표현에 대하여 잘 알아두자.

🎧 Diálogo

A : Poderia me mostrar aquele celular lindo?
뽀데리아　미　모스뜨라르 아껠리　　쎌룰라르 링두

B : Aqui está.
아끼　이스따

A : Quanto é esse aqui?
꽝뚜　　　에 에씨　아끼

B : É 480 reais.
에 꽈뜨루쎙뚜스 이 오이뗑따 헤아이스

Estamos fazendo uma promoção em seis prestações sem entrada.
이스따무스 파젱두　　우마 쁘로모쎠웅　　잉 쎄이스 쁘레스따쏭이스 쎙　　엥뜨라다

A : Tá bom. Vou levar esse. Pode embrulhar?
따 봉　　보우 레바르 에씨 뽀지　　잉브룰랴르

B : Pois não. Pode pagar aqui e retirar ali.
뽀이스 너웅 뽀지　　빠가르　아끼　이 헤치라르 알리

🔵 Vocabulário

mostrar 보여주다	**levar** 가져가다
celular (m) 휴대폰	**embrulhar** 포장하다
real (m) 브라질의 화폐단위 '헤알' (reais는 복수형)	**pagar** 지불하다
fazer ~하다(fazendo는 현재분사)	**retirar** 찾아가다, 치우다
promoção (f) 할인	
prestação (f) 할부(prestações는 복수형)	
entrada (f) 선불금	

A : 저 예쁜 휴대폰을 보여주시겠어요?

B : 여기 있어요.

A : 이건 얼마에요?

B : 480 헤알이에요. 선불금없이 6회 할부로 할인행사 중이에요.

A : 좋아요. 이걸 살게요. 포장해 줄 수 있어요?

B : 물론이죠. 여기서 계산하시고 저기서 찾아가세요.

⊙• Expressão

✒ Aqui está.

직역한 그대로 '여기 있어요'란 뜻에 쓰이는 가장 일반적인 표현이다. Olha aqui.(여기 보세요, 즉 여기 있어요)라고도 쓸 수 있다.

✒ É 480 reais.

브라질의 화폐 단위는 real(R$)이며, 복수형은 reais가 된다. 1 real=100 centavos.
1헤알 = um real
1.99헤알 = um real e noventa e nove centavos
2헤알 = dois reais
100헤알 = cem reais
150헤알 = cento e cinquenta reais

✒ Estamos fazendo uma promoção em seis prestações sem entrada.

fazer uma promoção은 '할인행사를 하다'인데 지불방법에 대한 설명으로 em seis prestações(6회 할부, 즉 6개월 할부), sem entrada(선불금없이, 즉 첫 달엔 내지 않고)가 나타나 있다. 즉 물건을 살 때는 돈을 하나도 내지 않고 다음 달부터 6개월 동안 대금을 지불하는 방식이다. 실례로 R$ 300은 되어 보이는 상품인데 크게 R$ 50이라고 써있어서 왜 이렇게 싼 가 확인하러 가 보면 옆에 ×6(6개월 할부) 표시가 되어있다. 브라질은 할부 판매가 상당히 대중적이다.

✒ Vou levar esse.

levar는 '가져가다' 라는 뜻으로 trazer(가져오다)의 반의어이다. 하지만 상점에서 물건을 고른 후에 쓰는 상황이라면 comprar(사다)와 같은 의미이다.

Sistematização

✍ Pois não과 Pois não?

Pois não.으로 답할 때는 '물론(Claro)' 이라는 의미.
Pois não?으로 물을 때는 '무얼 도와드릴까요?(Posso ajudar?, Posso te ajudar?)' 의 의미.

✍ 발음상의 운율을 맞춰 만든 문구들

Lave e Leve

lavar(빨래하다)동사의 접속법 명령형(lave)과 levar(가져가다)동사의 접속법 명령형(leve)을 함께 사용하여 '빨래하여 가져가세요' 란 의미로, 실제 빨래방 중에 'Lav e Lev'를 만나볼 수 있다. 브라질 포어의 발음상 lav는 lave와, lev는 leve와 같은 점에 착안한 상표이다.

Pegue e Pague

pegar(잡다)동사의 접속법 명령형(pegue)과 pagar(지불하다)동사의 접속법 명령형(pague)을 함께 사용하여 '(골라)잡아서 (바로) 계산하세요' 란 의미로, 거리의 싸게 파는 의류가게에서 많이 볼 수 있는 문구이다.

Psiu

✍ 액세서리(acessório)

반지	anel
결혼반지	aliança
귀걸이	brinco
목걸이	colar
팔찌	pulseira
시계	relógio
브로치	broche

✍ 보석(joia)

다이아몬드	diamante
금	ouro
은	prata
동	bronze
순금	ouro puro
도금	dourado
수정	cristal
진주	pérola
루비	rubi
사파이어	safira

✍ 신발(sapato)

구두	sapato
운동화	tênis
부츠	bota
샌들	sandália
슬리퍼	chinelo

✍ 기타 의류관련 어휘

밝은	claro
어두운	escuro
날염한	estampado
무늬 없는	liso
줄무늬의	listrado
체크무늬의	xadrez
비단	seda
무명	algodão
무직	lã
대마	linho
가죽	couro

쇼핑센터라는 상대적으로 중산층 이하의 저소득층을 대상으로 한 지점은 숍질이나 브랜드 이미지 보다는 가격 경쟁력이 소비에 가장 중요한 요소로 작용한다. 도시마다 대부분 공공시장(Mercado público)이 있다. 더구나 주로 일요일 오전에 열리는 벼룩시장에 가면 각 지역마다의 각종 수공예품, 토산품, 그림, 액세서리, 돌, 가죽제품 등을 여유롭게 구경할 수 있고 가격흥정도 가능하다. 상파울루의 República광장과 Liberdade지역, 뽀르뚜알레그리의 Redenção 공원 등지에서 재래시장을 만끽할 수 있다.

Mercado

시장

그냥 둘러보는 중이에요. Estou só olhando.

이스또우 쏘 올량두

30 Lição

층의 개념과 상점의 명칭에 대하여 잘 알아두고 현재분사 형태를 활용해 보자.

 Diálogo

A : Onde fica a loja de móveis?
옹지 피까 아 로쟈 지 모베이스

B : Fica bem no fundo do segundo andar.
피까 벵 누 풍두 두 쎄궁두 앙다르

A : Cadê o elevador?
까데 우 엘레바도르

B : Eu levo você.
에우 레부 보쎄

[Na loja de móveis]
C : Posso ajudar?
뽀쑤 아쥬다르

A : Obrigado. Estou só olhando.
오브리가두 이스또우 쏘 올량두

C : Fique à vontade.
피끼 아 봉따지

Vocabulário

loja (f) 상점, 가게

móvel (m) 가구(móveis는 복수형)

bem 아주

fundo (m) 구석

andar (m) 층

elevador (m) 엘리베이터

ajudar 도와주다

só 단지

olhar 쳐다보다(olhando는 현재분사)

ficar 있다(fique는 접속법 명령형)

A : 가구점은 어디 있어요?

B : 2층 아주 안쪽에 있어요.

A : 엘리베이터는 어디 있어요?

B : 제가 모시고 가죠.

[가구점에서]

C : 도와드릴까요?

A : 고마워요. 그냥 둘러보는 중이에요.

C : 편하게 둘러보세요.

Expressão

Fica bem no fundo do segundo andar.

아주 '안쪽, 구석, 깊숙이' 위치해 있음을 말할 때 no fundo를 사용한다.

Fica na esquina.　　　코너에 있다.

　　　na esquerda.　　　왼쪽에

　　　na direita.　　　오른쪽에

한편 andar는 '걷다'라는 의미의 동사로 많이 쓰이지만 명사로 쓰일 때는 '층'을 의미하며 piso라고도 한다. 한편 브라질에서의 층 개념은 우리와 다르므로 주의하자.

1층 위치에　　　　　　térreo(바닥)

2층 위치에　　　　　　primeiro andar(1층)

3층 위치에　　　　　　segundo andar(2층)

따라서 엘리베이터를 타면 우리나라의 1층 위치에 'T'(térreo), 2층 위치에 비로소 '1 (primeiro andar)'이라고 써 있는 것을 볼 수 있다.

Cadê o elevador?

elevador(엘리베이터)와 escada(계단), escada rolante(에스컬레이터)를 구분하여 알아두자.

A loja fica no terceiro andar.　　　　　　가게가 3층에 있다.

Normalmente eu subo pelo elevador.　　　보통 나는 엘리베이터로 올라간다.

　　　　　　pela escada.　　　　　　계단으로

　　　　　　pela escada rolante.　　　　　　에스컬레이터로

Fique à vontade.

à vontade는 '편히(sem constrangimento)'의 의미이다. 집에 초대 받았을 때 주인이 자주 하는 말이 있는데, Fique à vontade, a casa é sua. (편히 있어, 집은 너의 것이야) 즉, '네 집처럼 편하게 있으라'는 배려의 말이다.

◎ Sistematização

> ✎ 현재분사
>
> 현재분사는 '진행'의 의미를 표현하며 형태는 다음과 같다.
>
> | -ar동사 | -ando |
> |---------|-------|
> | -er동사 | -endo |
> | -ir동사 | -indo |
>
> Eu estou tomando banho. 난 목욕하는 중이다.
> A minha mãe está cozinhando agora. 지금 엄마는 요리하는 중이다.
> Você está escrevendo carta? 너 편지 쓰고 있어?
> O que você estava dizendo? 뭐라고 말하고 있었던 거야?
> Ele está saindo da casa da Rafaela. 그는 하파엘라 집에서 나오고 있다.

◎ Psiu

✎ 상점 명칭

-ria로 끝나는 어미를 가진 어휘는 대부분 상점의 명칭임에 유의하자.

제과점	padaria
과자점	confeitaria
서점	livraria
문구점	papelaria
구두점	sapataria
시계점	relojoaria
화장품점	perfumaria
보석가게	joalheria
세탁소	lavanderia
약국	farmácia, drogaria
쇼핑센터	shopping
슈퍼마켓	supermercado
식료품점	armazém
정육점	açougue

브라질에서도 집을 마련하기란 그리 쉽지 않아 세를 사는 사람이 많다. 특히 신문의 일요일 판에는 따로 대대적인 집 광고가 실리므로 관심이 있는 지역이나 가격대의 집을 찾아 집주인이나 부동산과 연락을 취하면 된다. 집의 형태는 크게 아파트와 단독주택으로 나눌 수 있고, 통상적으로 세를 얻으면 주로 1년씩 하며 월세 개념으로 집값을 지불한다. 전통적으로 부유층이 사는 곳, 안전하고 교통 좋은 곳이 인기 있고 더 비싼 지역이다.

Residência

주 거

이 스커트를 다른 것으로 교환하고 싶어요.
Eu gostaria de trocar esta saia por uma outra.

에우 고스따리아 지 뜨로까르 에스따 싸이아 뽀르 우마 오우뜨라

31 Lição

색깔에 대한 어휘들을 익히고 교환할 때의 표현과 tem의 용법에 유의하며 완전과거와 불완전과거의 의미를 비교 이해하도록 하자.

Diálogo

A : Eu gostaria de trocar esta saia por uma outra.
에우 고스따리아 지 뜨로까르 에스따 싸이아 뽀르 우마 오우뜨라

B : Tem algum problema?
뗑 아우궁 쁘로블레마

A : Minha esposa não gostou desta vermelha.
밍야 이스뽀자 너웅 고스또우 데스따 베르멜랴

B : Qual cor ela prefere?
꽈우 꼬르 엘라 쁘레페리

A : Verde ou marrom.
베르지 오우 마홍

B : Aguarde um momento. Vou buscar.
아과르지 웅 모멩뚜 보우 부스까르

Vocabulário

trocar 교환하다

saia (f) 치마

outro/a 다른

cor (f) 색

tem ~가 있다

algum(a) 어떤

problema (m) 문제

meu/minha 나의

esposa (f) 아내

gostar 좋아하다(gostou는 3인칭단수 완전과거)

desta 이 ~의(전치사 de + 지시대명사 esta의 축약형)

vermelho/a 빨간

qual 어떤

preferir 선호하다(prefere는 3인칭단수 현재)

verde 녹색

marrom 갈색

aguardar 기다리다(aguarde는 접속법 명령형)

buscar 찾다

A : 이 스커트를 다른 색으로 교환하고 싶어요.

B : 무슨 문제 있습니까?

A : 내 아내가 이 빨간색을 좋아하지 않아서요.

B : 어떤 색을 좋아하세요?

A : 녹색 아니면 갈색이요.

B : 잠깐만 기다리세요. 찾아볼게요.

◉• Expressão

✎ trocar A (por B)

상점에서 상품을 교환할 때, 또는 환전을 할 때 자주 쓰는 구문으로 'A를 (B로) 교환하다' 라는 의미이다.

Vou trocar esta sandália por um chinelo. 　 이 샌들을 슬리퍼로 교환하겠다.

Vou trocar 500 reais por dólares. 　 500 헤알을 달러로 교환하겠다.

✎ Tem ~?

여기서 tem은 ter동사의 3인칭단수 현재형태로 '가지고 있다(have)' 의 의미 외에 '~가 있다(There is/are)' 라는 의미를 지닌다. 그럴 경우, 동사형태는 인칭과 수에 따라 변화하지 않고 항상 tem으로만 쓴다. haver동사의 3인칭단수 형태인 há도 같은 의미지만 há는 a, á, à 등과 발음상 구분하기 힘들기에 실제 회화에서는 발음이 명확한 tem의 사용을 선호한다.

Tem CD da Marisa Monte? 　 마리자 몬치 CD 있어요?

– Tem. 　 있어요.

Tem caneta aqui? 　 여기 펜 있어요?

– Não tem. 　 없어요.

✎ Tem (algum) problema?

'(무슨) 문제 있습니까?' 라고 질문했을 때, 문제가 없을 때의 대답은 'Não tem problema(문제 없어요)' 이다. 혹은 nenhum이나 algum을 뒤에 붙여 좀 더 강조할 수도 있다.

Não tem problema nenhum. / Não tem problema algum. 아무런 문제 없어요.

한가지 주의할 점은 영어 No problem의 영향으로 Não problema라고만 쓰려고 하면 안 된다. 포어는 Não tem problema!

◉ Sistematização

✎ 완전과거와 불완전과거의 의미 비교

포어에는 과거시제가 나뉘어져 있으므로 처음에 많이 혼동되지만 다음 표와 같이 구분된 의미를 이해하여 합당하게 사용해야 한다.

완전과거	불완전과거
과거의 사진	과거의 영화
과거의 한정된 시간	과거의 시간 공간
과거의 시점	과거의 습관
행동의 끝이 보임	행동의 끝이 안보임
정보가 더 객관적임	과거와 더 얽힌 관련성이 있음

우리가 일상생활에서 말하는 과거는 완전과거와 훨씬 더 밀접하게 관련이 있다. 완전과거는 일회성, 불완전과거는 지속성이 있다. 이렇듯 완전과거(혹은 전과거)는 '점'으로, 불완전과거(혹은 반과거)는 '선'으로 이해된다.

완전과거
Eu fui à praia na semana passada.   지난 주에 난 해변에 갔다.
Ontem eu joguei futebol.   어제 나는 축구를 했다.

불완전과거
Quando era criança, eu morava no Brasil.   어렸을 때 나는 브라질에 살았었다.
Quando tinha 20 anos, eu fumava muito.   20살 때 난 담배를 많이 피웠었다.

◉ Psiu

✎ 색깔(cor)

흰색 branco/a   회색 cinza
검정색 preto/a   갈색 marrom
빨간색 vermelho/a   오렌지색 laranja
파란색 azul   자주색 roxo/a
녹색 verde   보라색 violeta
노란색 amarelo/a   핑크색 rosa

카니발 외에도 브라질에는 종교와 밀접한 관계를 가지고 있는 성대한 축제들이 있다. 카톨릭 및 깐돔블레(Candomblé) 종교와 관련된 바이아(Bahia)주의 봉핑(Bonfim) 축제, 상파울루, 미나스제라이스(Minas Gerais), 마라냥(Maranhão) 주 등에서 벌어지는 지비누(Divino) 축제, 항구가 있는 대다수 도시에서 1월 1일 열리는 보아비아젱(Boa Viagem) 축제, 브라질의 수호신 노사세뇨라아빠레시다(Nossa Senhora Aparecida) 축제 등이 있으며, 성안또니우(São Antônio), 성주앙(São João), 성뻬드루(São Pedro)의 축일이 몰려 있는 6월에 벌어지는 6월 축제(Festa Junina)에선 포도주에 사탕수수 증류수인 까샤사(cachaça)를 첨가하여 끓인 껜떵(quentão)이라는 술을 마시는 것으로 유명하다. 12월 31일은 해가 바뀜을 축하하는 헤베이옹(Réveillon) 축제를 하며 새해를 활기차게 맞이한다.

Festa

축제

카드로 지불할게요. Vou pagar com cartão.

보우　　빠가르　　꽁　　까르떠웅

32
Lição

계산과 관련한 표현들을 익히도록 하고 구문간 연결에 쓰이는 표현들을 적재적소에 활용할 수 있도록 잘 알아두자.

Diálogo

A : Quanto custa?
　　꽝뚜　　　　꾸스따

B : 99 reais.
　　노벵따 이 노비 헤아이스

A : Nossa! É mais caro do que imaginava.
　　노싸　　　에 마이스 까루　두　끼　이마쥐나바

B : Mas o pagamento à vista tem desconto de 10%.
　　마스 우 빠가멩뚜　　　아 비스따 뗑　지스꽁뚜　　지 데스 뽀르쎙뚜

A : Mesmo assim, não tenho dinheiro agora. Vou pagar com cartão.
　　메즈무　아씽　너웅 뗑유　징예이루　아고라　보우 빠가르 꽁　까르떠웅

B : Tudo bem. Não tem problema nenhum.
　　뚜두　벵　너웅 뗑 쁘로블레마　넹융

Vocabulário

custar ~의 가치를 갖다, 가격이 ~다(custa는 3인칭단수 현재)

nossa! 이런! (감탄사)

imaginar 상상하다(imaginava는 1,3인칭단수 불완전과거)

pagamento (m) 지불

à vista 일시불로

desconto (m) 할인

mesmo assim 그럼에도 불구하고

dinheiro (m) 돈

agora 지금

pagar 지불하다

cartão (m) 카드

A : 얼마에요?

B : 99헤알입니다.

A : 이런! 상상했었던 것보다 더 비싸네요.

B : 하지만 현금으로 지불하면 10% 할인해드립니다.

A : 그런데, 지금 현금이 없네요. 카드로 지불할게요.

B : 좋아요. 아무 문제없습니다.

◉• Expressão

✎ Quanto custa?

custar동사는 '~의 가치를 갖다', '가격이 ~다' 라는 의미로 가격을 물어볼 때 사용된다. Quanto é?와 같은 의미이다.

✎ É mais caro do que imaginava.

mais ~ do que ...는 '... 보다 더 ~하다' 라는 비교급 구문이다. imaginava는 imaginar동사의 불완전과거형으로 '상상했었다' 의 뜻이므로 do que imaginava는 '상상했었던 것보다' 의 의미가 된다.

✎ Mas o pagamento à vista tem desconto de 10%.

o pagamento à vista는 '일시불' 이란 의미로 이럴 경우 할인(desconto)해 주는 상점이 많으며 카드나 수표 또는 현금을 이용하여 계산할 수 있다.

Vou pagar com cartão.	카드로 지불할게요.
com cheque.	수표로 지불할게요.
em dinheiro.	현금으로 지불할게요.

✎ Mesmo assim, não tenho dinheiro agora.

mesmo assim은 '그럼에도 불구하고' 의 뜻으로 같은 의미로는 no entanto, entretanto, todavia, contudo 등이 있다.

Sistematização

✎ 구문간 연결에 쓰는 표현

원활한 의사소통과 지속적인 대화를 위하여 구문간 연결에 쓰이는 표현을 잘 활용하여야 앞뒤 문장을 자연스럽게 연결하여 말할 수 있다.

1) 원인

그래서	por isso
그런 이유로	por essa razão
~에 기인하여	devido a ~

2) 의견

내 의견으로는	na minha opinião
내 관점에서는	pelo meu ponto de vista

3) 분석

한편으로	por um lado
다른 한편으로	por outro lado
내가 보기엔	a meu ver

4) 예시

예를 들면	por exemplo
좋은 예는 ~일 것이다	um bom exemplo seria ~

5) 언급

~에 관해서는	com relação a ~, em relação a ~

~에 대하여는 a respeito de ~, quanto a ~, sobre ~

6) 인용

~에 의하면	de acordo com ~, conforme ~, segundo ~
빠울루가 ~라고 말했다	Paulo disse que ~

7) 일반화

일반적으로	geralmente, normalmente
전반적으로	no total

8) 특정화

구체적으로	para ser específico
무엇보다도	acima de tudo

9) 첨가

그 외에도	além disso
게다가	e ainda

10) 환언

즉	quer dizer, ou seja
다른 말로 하면	em outras palavras

Psiu

✎ 계산 관련표현

얼마에요?	Quanto é? / Quanto custa?
아주 비싸요.	É muito caro.
아주 싸네요.	É muito barato.
돈이 없어요.	Não tenho dinheiro.
잔돈 없어요?	Não tem trocado?
계산서 주세요.	A conta, por favor.
영수증 주세요.	O recibo, por favor.

이걸 할부로 살 수 있어요?	Posso comprar isso a prestações?
할인 좀 해 줄 수 있어요?	Pode me dar um desconto?
카드로 계산해도 될까요?	Posso pagar com cartão?
거스름돈이 틀려요.	O troco está errado.
거스름돈은 가지세요.	Pode ficar com o troco.

Costume

관습

Informação cultural

브라질 사람들의 특성을 잘 나타내주는 요소들이 몇 가지 있다. 브라질 사람들은 길에서, 버스에서 혹은 엘리베이터에서 모르는 사람일지라도 이런저런 얘기로 부담 없이 대화를 즐기는 편이다. 그래서 외국인이라 할지라도 브라질 사람과 쉽게 말을 걸고 빨리 친해질 수 있다. 게다가 어려운 일이 있으면 연락하라고 명함을 준다거나 전화번호를 알려 줄 만큼 외국인에게 관대하다. 어떤 모임이나 파티에서 다 함께 건배를 할 때에는 '건강' 이라는 의미의 '싸우지' (saúde)를 외치는데, 이 말은 이런 상황 외에도 옆에 있는 사람이 기침이나 재채기를 했을 때도 해 주는 말이다. 이렇듯 말 한마디라도 상대방의 건강을 걱정해 주는 따뜻한 마음이 담겨 있다.

〈사진〉 거리의 가판대와 서점들

리우데자네이루 꼬빠까바나(Copacabana) 해변에서 축구를 즐기는 젊은이들

33 일요일에 축구장에 갑시다.   34 볼륨 좀 키워줄 수 있어요?
35 나랑 영화 보러 갈래요?   36 마지막 회 표 두 장 주세요.

취미생활을 즐기다. :: 브라질 축구의 매력에 푹 빠진 Beto는 축구장에 갈 계획을 세우고, TV에서 하는 축구중계도 놓치지 않는다. 그리고 영화관에 함께 갈 친구를 만들어 영화도 보러 간다.

일요일에 축구장에 갑시다. Vamos ao estádio no domingo.
바무스　　　아우 이스따지우　　누　　도밍구

33
Lição

경기와 축구관련 용어들을 익히고 assistir동사의 의미에 대하여 잘 알아두자.

Diálogo

A : Você sabe que o nosso time ganhou ontem?
보쎄　싸비　끼　우 노쑤　치미　강요우　옹뗑

B : Que maravilha! Já está na final do campeonato brasileiro?
끼　마라빌랴　　쟈 이스따 나 피나우 두　깡뻬오나뚜　　브라질레이루

A : É isso. Desta vez, vai ser campeão mesmo.
에 이쑤　데스따 베스　바이 쎄르 깡뻬어웅　메즈무

B : Você não quer assistir ao jogo no estádio?
보쎄　너웅　께르　아씨스치르 아우 죠구 누　이스따지우

A : Claro que quero. Vamos ao estádio no domingo.
끌라루 끼　께루　　바무스　아우 이스따지우 누 도밍구

B : Então, preciso comprar os ingressos.
잉떠웅　쁘레씨주　꽁쁘라르　우스 잉그레쑤스

Vocabulário

time (m) 팀

ganhar 이기다(ganhou는 3인칭단수 완전과거)

ontem 어제

maravilha (f) 경탄, 대단함

final (f) 결승

campeonato (m) 챔피언십

vez (f) 차례, 번

campeão (m) 챔피언

mesmo 정말로

assistir a 보다

estádio (m) 경기장

ingresso (m) 입장권

A : 우리 팀이 어제 이긴 것 알아요?

B : 대단해요! 이미 브라질챔피언십 결승전에 올라갔죠?

A : 그래요. 이번에는 진짜 우승할거에요.

B : 축구장에 가서 경기보지 않을래요?

A : 물론 그러고 싶어요. 일요일에 축구장에 가죠.

B : 그러면 입장권을 사야겠어요.

◉• Expressão

✎ Você sabe que o nosso time ganhou ontem?

ganhar동사는 '얻다' 라는 의미로 스포츠나 게임에서 사용될 때는 '(경기를) 얻다' 즉 '이기다' 의 의미를 갖는다. vencer동사를 사용해도 된다. 반대 의미로 '지다' 에는 perder(경기를 잃다)동사나 derrotar(격퇴하다)의 수동태 형태인 ser derrotado(패배 당하다)가 사용된다. 한편 '비기다' 에는 empatar동사가 사용된다. 각각의 명사는 vitória(승리), derrota(패배), empate(무승부)이다.

O nosso time ganhou.   우리 팀이 이겼다.

       venceu.   이겼다.

       perdeu.   졌다.

       foi derrotado.   졌다.

O São Paulo empatou com o Flamengo de 1 a 1. 상파울루는 플라멩구와 1 대 1로 비겼다

O jogo terminou empatado de 2 a 2. 경기는 2 대 2 무승부로 끝났다.

(=O jogo terminou em empate de 2 a 2.)

✎ Já está na final do campeonato brasileiro?

o final과 a final의 구분이 필요한 시점이다. final은 '끝' 의 의미로 보통 남성명사로 쓰이지만 스포츠 경기의 '결승전' 의미에는 여성명사로 쓰인다.

Vamos andar até o final da rua.   거리 끝까지 걷자.

O Grêmio está na final da Copa do Brasil.   그레미우는 브라질컵 결승전에 올라있다.

✎ É isso.

상대방이 한 말에 대하여 확인하여 답해주는 말, '그래요' 의 의미이다. mesmo나 aí를 붙여 좀 더 강조하여 말할 수 있다.

É isso mesmo.   바로 그거에요.

=É isso aí.

✎ Preciso comprar os ingressos.

'사다' 는 comprar, 반대로 '팔다' 는 vender이고, ingresso는 '입장권' 의 의미로 사용된다.

Sistematização

✎ assistir동사의 활용

assistir동사는 '보다', '참가하다', '도와주다' 의 의미로 사용되므로 그 상황에 따라 의미를 파악하여야 한다. 전치사 a의 쓰임에도 유의하자.

(1) 보다(=ver)

Vou assistir ao jogo no domingo.	일요일에 경기를 볼 것이다.
Quero assistir ao filme com ela.	그녀랑 영화를 보고 싶다.

(2) 참가하다(=participar de)

Preciso assistir à aula de português.	포어 수업을 들을 필요가 있다.
Posso assistir ao seminário com você?	너랑 같이 세미나 들어도 되니?

(3) 도와주다(=ajudar)

Quero assistir os pobres.	가난한 사람들을 도와주고 싶다.

Psiu

✎ 경기관련 어휘

경기	jogo, partida
팀	time, equipe
심판	juiz, árbitro
감독	técnico
선수	jogador
응원단	torcida
응원자	torcedor
경기장	estádio
체육관	ginásio
스코어	placar
프로	profissional
아마츄어	amador
승리	vitória
이기다	ganhar, vencer
패배	derrota
지다	perder, ser derrotado

무승부	empate
비기다	empatar
결승전	final
준결승전(4강)	semifinal
3위 결정전	disputa do terceiro lugar
8강	quartas-de-final
16강	oitavas-de-final

✎ 축구관련 용어

1부 리그	primeira divisão
2부 리그	segunda divisão
어웨이경기	jogo de ida
홈경기	jogo de volta
전반전	primeiro tempo
후반전	segundo tempo

옐로우카드	cartão amarelo
레드카드	cartão vermelho
브라질컵	Copa do Brasil
주챔피언십	Campeonato Estadual
브라질 챔피언십	Campeonato Brasileiro
리베르타도리스컵	Taça Libertadores da América
월드컵	Copa do Mundo
월드컵 예선	Eliminatórias da Copa do Mundo
브라질 축구협회	CBF(Confederação Brasileira de Futebol)

Informação cultural

대다수의 브라질 남자치고 축구 싫어하는 사람 없으며 각 개개인은 모두 축구전문가이다. 전 세계에서 유일하게 브라질이 월드컵에서 다섯 번이나 우승한 것은 우연이 아니다. 브라질에서 축구는 일반인의 삶과 가장 밀접하게 연결되어 있는 스포츠이다. 명문 클럽으로는 상파울루 주의 상파울루, 코린치안스, 팔메이라스, 산투스, 리우데자네이루 주의 플라멩구, 플루미넨시, 보타포구, 바스쿠, 히우그란지두술 주의 그레미우, 인테르나시오날, 미나스제라이스 주의 크루제이루, 아틀레치쿠미네이루 등이 있다.

한편, 축구리그는 주챔피언십(Campeonato Estadual), 브라질컵(Copa do Brasil), 브라질챔피언십(Campeonato Brasileiro), 남미컵(Copa Sul-Americana), 리베르타도리스컵(Taça Libertadores da América)등이 1년 내내 지속된다. 브라질 내에서 가장 큰 브라질챔피언십이 끝나면 매년 1부 리그 20팀 중 하위 4팀이 2부 리그로 강등되고, 2부 리그 20팀 중 상위 4팀은 1부 리그로 승격된다.

Futebol brasileiro

브라질의 축구

볼륨 좀 키워줄 수 있어요?
Pode aumentar o volume para mim?

뽀지　아우멩따르　우 볼루미　빠라　밍

34 Lição 축구중계관련 용어들을 익히고 방송과 관련된 어휘들에 대해서도 잘 알아두자.

Diálogo

A : Quando o jogo passa na TV?
꽝두　우 죠구　빠싸　나 떼베

B : Daqui a pouco, depois da novela das oito.
다끼　아 뽀우꾸　데뽀이스 다 노벨라　다스 오이뚜

A : Vou dar uma saída para comprar uma cerveja.
보우 다르 우마　싸이다 빠라 꽁쁘라르　우마　쎄르베쟈

[20 minutos depois]

B : Venha logo, Beto. O jogo está começando.
벵야　로구　베뚜　우 죠구　이스따 꼬메쌍두

A : Já? Pode aumentar o volume para mim?
쟈 뽀지　아우멩따르　우 볼루미　빠라　밍

B : Relaxa! O jogo acabou de começar.
헬라샤　오 죠구　아까보우 지 꼬메싸르

Vocabulário

jogo (m) 경기

passar 지나다(passa는 3인칭단수 현재)

daqui 여기서부터, 지금부터(전치사 de+부사 aqui의 축약형)

novela (f) 드라마

dar 주다

saída (f) 외출

cerveja (f) 맥주

vir 오다(venha는 접속법 명령형)

começar 시작하다(começando는 현재분사)

aumentar 증가하다

volume (m) 볼륨

relaxar 긴장을 풀다(relaxa는 3인칭단수 현재, 명령 직 사봉)

acabar de 막 ~하다(acabou는 3인칭단수 완전 과거)

A : 언제 TV에서 축구중계 해줘?

B : 잠시 후, 8시 드라마 끝나고.

A : 맥주 좀 사러 나갔다 올게.

[20분 후]

B : 빨리 와, 베뚜. 경기 시작하고 있어.

A : 벌써? 볼륨 좀 키워줄 수 있어?

B : 흥분하지 마! 이제 막 시작했잖아.

●• Expressão

✎ Quando o jogo passa na TV?

o jogo passa na TV는 직역하면 '경기가 TV에 지나가다'. 즉 passar동사는 '(TV에서) 방송되다'
의 의미로 사용된다. 또한 '생방송'은 (transmissão) ao vivo라고 한다.

✎ Daqui a pouco, depois da novela das oito.

시간적 의미로 daqui a ~는 '지금부터 ~후에'의 의미로 사용된다.
Daqui a pouco,   잠시 후에
Daqui a 20 minutos,   20분 후에
Daqui a uma hora,   1시간 후에

한편, depois de는 '~ 다음에'. a novela das oito(8시 드라마)는 정확히 8시에 시작하는 것은 아
니지만 8시 대에 시작하는 Globo방송국의 대표적인 드라마를 일컫는다.

✎ Venha logo, Beto. / Relaxa!

venha는 vir동사의 접속법 명령형으로 '오세요, 와라'의 의미이며 직설법 3인칭단수 현재형 vem을
사용해도 된다. 이처럼 relaxa도 relaxar동사의 3인칭단수 현재형으로 명령적 의미로 사용되었다.

◎• Sistematização

🖊 방송 관련어휘

텔레비전	TV, televisão	라디오	rádio
방송국	emissora	채널	canal
프로그램	programa	생방송	transmissão ao vivo
시청자	telespectadores	화면	tela
(TV, 라디오) 켜다	ligar	볼륨을 키우다	aumentar o volume
(TV, 라디오) 끄다	desligar	볼륨을 줄이다	diminuir o volume

Qual programa passa após a notícia?   뉴스 다음에 어떤 프로를 하죠?

a novela	드라마
o filme	영화
o jogo	경기(일반적으로 축구)
a propaganda / o comercial	광고

◎• Psiu

🖊 브라질 사람들의 삶에 가장 밀접하게 접근할 수 있는 방법 중에 하나는 축구에 관심을 갖는 것이다. 축구 중계를 알아듣고 축구얘기를 함께 나누기 위해서 다음과 같은 어휘의 학습을 추천한다.

🖊 축구선수 및 축구중계 관련 어휘

훌륭한 선수(에이스)	craque	역습	contra-ataque
주장	capitão	패스	passe
공격수	atacante	헤딩	cabeçada, toque de cabeça
센터포워드	centroavante	스루패스	lançamento
공격형 미드필더	meio-campo, meia	크로스	cruzamento
수비형 미드필더	volante	드로우인	arremesso lateral
수비수	zagueiro, zaga	슛	chute
골키퍼	goleiro	프리킥	cobrança de falta
골게터	goleador, artilheiro	코너킥	cobrança de escanteio
왼쪽 윙백	ala esquerda, lateral esquerdo	페널티킥	cobrança de pênalti
오른쪽 윙백	ala direita, lateral direito	골킥	tiro de meta
골	gol	오프사이드	impedimento
킥오프	pontapé incial	골대	trave
공격	ataque	크로스바	travessão
수비	defesa		

브라질 사람들은 왜 어디 어디서부터 축구에 빠져들까? 자연스럽게 동네의 잔나 같이나 해변에서 축구나 배구공을 접하는 분위기인 브라질에서는 여학생들이 축구하는 모습도 심심치 않게 볼 수 있다. 가난한 동네의 흑인들에게 축구란 더욱 절실하다. 현실적으로 제대로 교육을 받아 직장에 들어가 착실히 일할 수 있는 미래가 잘 보이지 않는다. 축구 최강국의 자부심으로 형성된 브라질의 축구 열기는 사실 기저에 그들의 어두운 면도 투영되어 있다. 그렇다. 축구장이란 인종차별이 없는 직장이다. 또 축구는 가난 탈피의 탈출구이다. 축구스타들은 자신들의 전성기에 대부분 유럽리그로 진출하여 부와 명예를 한번에 얻는다.

Brasileiros e Futebol

브라질 사람과 축구

나랑 영화 보러 갈래요? Você quer ir ao cinema comigo?

보쎄　께르　이르 아우 씨네마　꼬미구

35
Lição

취미관련 어휘들을 익히고 빈도부사의 의미를 이해하여 활용하도록 하자.

Diálogo

A : Você gosta de filmes?
　　보쎄　고스따　지　피우미스

B : Adoro. Eu gosto de qualquer filme.
　　아도루　에우 고스뚜 지　꽈우께르　피우미

A : De vez em quando você vai ao cinema?
　　지　베스 잉 꽝두　　보쎄　바이 아우 씨네마

B : Claro. Pelo menos uma vez por semana.
　　끌라루　뻴루　메누스　우마　베스 뽀르 쎄마나

A : Você quer ir ao cinema comigo?
　　보쎄　께르　이르 아우 씨네마 꼬미구

B : Quero. Ligue para mim quando você quiser.
　　께루　리기　빠라 밍　꽝두　　보쎄　끼제르

Vocabulário

filme (m) 영화

adorar 아주 좋아하다(adoro는 1인칭단수 현재)

qualquer 어떤 것이든

de vez em quando 가끔

cinema (m) 영화관

pelo menos 최소한

ligar 전화하다(ligue는 접속법 명령형)

querer 원하다(quiser는 1,3인칭단수 접속법 미래)

A : 영화 좋아해요?

B : 아주 좋아하죠. 나는 어떤 영화라도 좋아해요.

A : 가끔 영화관에 가요?

B : 그럼요. 적어도 일주일에 한번은 가죠.

A : 나랑 영화 보러 갈래요?

B : 그래요. 원할 때 전화주세요.

◉ Expressão

✎ Você gosta de filmes?

Você gosta de ~?는 '당신은 ~을 좋아하나요?' 의 의미로 gostar 동사는 항상 전치사 de를 수반하며, de 다음에는 동사가 오거나 명사가 온다.

Você gosta de ler livros?	당신은 책 읽는 것 좋아해요?
Você gosta de viagem?	당신은 여행 좋아해요?
Você gosta dela?	당신은 그녀를 좋아해요?

✎ Adoro.

adorar동사는 gostar de를 좀 더 강하게 표현하여 '아주 좋아하다(=gostar muito de)' 의 의미이다.

Eu adoro o Brasil.　　　　　　　　　난 브라질을 엄청 좋아한다.

(=Eu gosto muito do Brasil.)

✎ Pelo menos uma vez por semana.

pelo menos는 최소한(=ao mínimo)의 의미. 그리고 기간이나 단위 '~에' 얼만큼을 표현할 때는 전치사 por를 사용한다.

quatro vezes por ano	1년에 네 번
cinco reais por quilo	1킬로에 5헤알
um (real) e cinquenta (centavos) por dúzia	12개에 1.5헤알

✎ Ligue para mim quando você quiser.

quiser는 querer동사의 접속법 미래형으로 아직 일어나지 않은 불확실한 때를 표현하기 위하여 사용된다. 따라서 quando você quiser는 '당신이 원할 때'란 의미이다.

◉ Sistematização

  ✎ 빈도부사

자주 쓰이는 빈도부사를 의미 별로 이해하자.

sempre	항상
normalmente	보통, 일반적으로
geralmente	보통, 일반적으로
muitas vezes	자주
frequentemente	빈번히
às vezes	가끔
de vez em quando	가끔
raramente	드물게
nunca	절대

◉ Psiu

✎ 취미(운동, 놀이) 관련 어휘

축구	futebol	스키	esqui
야구	beisebol	스케이팅	patinação
농구	basquetebol	수영	natação
배구	voleibol	경마	turfe
핸드볼	handebol	하이킹	caminhada
골프	golfe	싸이클링	ciclismo
테니스	tênis	소풍	piquenique
탁구	pingue-pongue		
볼링	boliche	체스	xadrez
당구	bilhar	카드놀이	jogo de cartas
		숨바꼭질	esconde-esconde
사냥	caça	장난	brincadeira
낚시	pesca		

Cinema

영화

Informação cultural

브라질은 전통적인 영화강국으로 1960년대 제3세계의 전위적 미학을 카메라에 담은 시네마노부(Cinema Novo)운동을 통해 미국·유럽 중심의 세계 영화계에 신선한 충격을 던져줬고, 1980년대 브라질 영화는 정부의 지원을 바탕으로 안정적인 국내시장 점유율을 보이며 미국과 유럽에 상당수의 영화를 수출하기도 했다. 중앙역(Central do Brasil), 신의 도시(Cidade de Deus), 엘리트경찰부대(Tropa de Elite)등은 대표적인 브라질 영화로 손색이 없다. 현재 브라질은 대다수의 다른 국가들과 마찬가지로 주로 미국계 대형엔터테인먼트사가 영화시장을 독점하고 있으며, 쇼핑센터와 결합한 멀티플렉스 형태의 영화관을 운영하고 있다.

마지막 회 표 두 장 주세요.
Me dê dois ingressos para a última sessão.

미 데 도이스 잉그레쑤스 빠라 아 우우치마 쎄써웅

36
Lição

각종 표지판의 의미를 이해하고 접속법 현재형을 사용한 명령형에 대하여 잘 알아두자.

🎧 Diálogo

A : A que horas começa a última sessão?
아 끼 오라스 꼬메싸 아 우우치마 쎄써웅

B : Começa às vinte e duas.
꼬메싸 아스 빙치 이 두아스

A : Leva cerca de duas horas?
레바 쎄르까 지 두아스 오라스

B : Mais de duas horas. Quase duas horas e trinta minutos.
마이스 지 두아스 오라스 꽈지 두아스 오라스 이 뜨링따 미누뚜스

A : Que demora! Me dê dois ingressos para a última sessão.
끼 데모라 미 데 도이스 잉그레쑤스 빠라 아 우우치마 쎄써웅

B : É trinta reais.
에 뜨링따 헤아이스

🔵 Vocabulário

começar 시작하다(começa는 3인칭단수 현재)

último/a 마지막의

sessão (f) 회

levar 시간이 걸리다(leva는 3인칭단수 현재)

cerca de 대략

mais de ～이상

quase 거의

demora (f) 지연, 지속

dar 주다(dê는 접속법 명령형)

A : 몇 시에 마지막 회가 시작해요?

B : 밤 10시(22시)에 시작합니다.

A : 2시간 정도 상영하나요?

B : 두 시간 넘어요. 거의 두 시간 30분 걸립니다.

A : 굉장히 긴 영화네요! 마지막 회 표 두 장 주세요.

B : 30헤알 입니다.

⊙• Expressão

✎ A que horas começa a última sessão?

시간 앞에는 전치사 a를 사용하기에 '몇 시에'는 A que horas를 사용함에 다시 한번 유의하자. sessão은 '의회의 회기'라는 뜻 외에 '같은 날 상영(상연, 발표)하는 것 각각의 회'라는 의미를 갖고 있다.

a primeira sessão	1회
a segunda sessão	2회
a última sessão	마지막 회

✎ Leva cerca de duas horas?

cerca de는 '대략'이란 뜻으로 mais ou menos, aproximadamente와 동일한 의미이다.

✎ Mais de duas horas.

mais de는 '~이상'이란 뜻으로 숫자 앞에 보통 사용된다. 반의어는 menos de(~ 이하)이다.

(사람)		(무게)	
mais de dez pessoas	10명 이상	mais de 2 quilos	2킬로 이상
menos de quatro pessoas	4명 이하	menos de 1 quilo	1킬로 이하
(키)			
mais de um e setenta	1m 70cm 이상		
menos de um e sessenta	1m 60cm 이하		

✎ Que demora!

demora는 '지연, 지속'의 의미로 Que demora!는 '기다리는 시간 혹은 상영시간 등이 굉장히 오래 걸린다'는 표현이다.

✎ Me dê dois ingressos.

dê는 dar(주다)동사의 접속법 명령형으로 '주세요'라는 의미이다. 접속법 현재의 불규칙형태이므로 주의하여야 한다.

◉• Sistematização

✎ 접속법 현재형태를 사용한 명령형

접속법 현재형은 você(s)에 대한 명령형의 표현에 사용된다. 만드는 법은 직설법 1인칭단수 현재형에서 o를 빼고 -ar동사인 경우엔 -e(상대방이 혼자일 때)나 -em(상대방이 여러 명일 때), -er나 -ir동사인 경우엔 -a(상대방이 혼자일 때)나 -am(상대방이 여러 명일 때)을 붙이면 된다.

동사원형	1인칭단수 현재	상대방이 단수/복수	의미
falar	falo	fale/falem	말하세요
trazer	trago	traga/tragam	가져오세요
vir	venho	venha/venham	오세요

한편 접속법 현재형이 불규칙인 동사들은 따로 알아두어야 한다.

ser(이다)	seja/sejam
estar(있다, 상태표현)	esteja/estejam
ir(가다)	vá/vão
dar(주다)	dê/deem
saber(알다)	saiba/saibam
querer(원하다)	queira/queiram
haver(~가 있다)	haja/hajam

◉• Psiu

✎ 각종 표지판

입구	entrada	위험	perigo
출구	saída	주의	cuidado
비상구	saída de emergência	공사 중	em obras
미시오	empurre	사용중지	fora de uso
당기시오	puxe	사용 중	ocupado
노크하세요	bata	비어있음	livre
개관, 영업 중	aberto, em serviço	꽉차있음	lotado
폐관, 영업 끝	fechado, encerrado		
바겐세일	liquidação	화장실	banheiro, sanitário
정숙	silêncio	신사용	homens, cavalheiros
공고	aviso	숙녀용	mulheres, damas

Informação cultural

보사노바는 '새로운 경향' 이란 의미로, 삼바에 모던재즈의 감각이 가미되어 1950년대 나타난 브라질의 대표적인 대중음악이다. 리듬, 멜로디, 하모니의 혁신을 가져왔으며 가사의 가치를 중요시하고 속삭이듯 부르는 가수의 창법이 특징이다. 보사노바의 창시자로 알려진 Antônio Carlos Jobim(일명 Tom Jobim), 보사노바 최고의 시인으로 칭송 받는 Vinícius de Moraes, 보사노바의 신 João Gilberto의 황금공조체제로 보사노바 열풍이 일었다. 그 가운데 세계적으로 가장 유명한 음악은 '이빠네마의 소녀'(Garota de Ipanema)이다. 보사노바는 남미 대중음악의 현대화를 이룬 가장 좋은 예이다.

Bossa Nova

보사노바

상파울루의 쎄성당(Catedral da Sé)에서 본 광장

TEMA 13

37 계좌를 개설하려고 해요.   38 100달러를 헤알로 환전하고 싶어요.

은행과 환전소에 가다. :: 은행에 가서 계좌를 개설한다. 그리고는 계좌도 텄으니 환전하러 환전소에 가보자.

계좌를 개설하려고 해요. Eu queria abrir uma conta.

에우　께리아　　아브리르　우마　　꽁따

37
Lição

계좌개설 및 현금인출기에서 사용되는 표현들을 잘 알아두고 접속법 명령형과 직설법 현재형의 명령적 사용에 대하여 올바르게 이해하고 적절히 활용하도록 하자.

Diálogo

A : Eu queria abrir uma conta.
에우 께리아　아브리르 우마 꽁따

B : Preciso dos seus documentos.
쁘레씨주　두스　쎄우스 도꾸멩뚜스

A : Eu trouxe tudo. Olhe aqui.
에우 뜨로우씨 뚜두　올리　아끼

B : Você precisa preencher e assinar estas fichas.
보쎄　쁘레씨자　쁘리엥셰르　　이 아씨나르 에스따스 피샤스

[cinco minutos depois]

A : Deu?
데우

B : Deixe eu verificar... Agora pode fazer o depósito.
데이쉬　에우 베리피까르　　아고라　뽀지　파제르 우 데뽀지뚜

Vocabulário

abrir 열다

conta (f) 계좌

documento (m) 서류

trazer 가져오다(trouxe는 1,3인칭단수 완전과거)

tudo 모든 것, 모두

olhar 쳐다보다(olhe는 접속법 명령형)

preencher 칸을 채우다, 기입하다

assinar 서명하다

ficha (f) 신상정보 기록양식, 기록카드

dar 되다(deu는 3인칭단수 완전과거)

deixar 놔두다(deixe는 접속법 명령형)

verificar 확인하다

depósito (m) 입금

A : 계좌를 개설하려고 해요.

B : 서류가 필요합니다.

A : 전부 가져왔어요. 여기 보세요.

B : 이 신상정보 양식을 채우고 사인해 주시
면 됩니다.

[5분 후]

A : 됐어요?

B : 확인해볼게요... 이제 입금하셔도 됩니다.

◉ Expressão

✏ **Eu queria abrir uma conta.**

'(계좌를) 개설하다'의 의미에 abrir(열다)동사를 쓴다. 우리말로도 '계좌를 연다'고도 하듯 일맥상통
하는 의미이다. 27강에서 보았듯이 conta는 계산서, 고지서의 의미도 있음을 기억하자.

✏ **Eu preciso dos seus documentos.**

13강에서 이미 다루었듯이 precisar(~가 필요하다) 동사 다음에 명사가 올 때는 전치사 de를 수반
한다.

Eu preciso comprar um carro.　　　　　　나는 차를 한대 살 필요가 있어요.

Eu preciso de um carro.　　　　　　　　나는 차 한대가 필요해요

✏ **Você precisa preencher e assinar estas fichas.**

ficha는 개인 신상을 기록하는 양식으로 이름, 주소, 각종번호 등을 기록하는 카드이다. preencher
는 그 양식의 '빈 칸을 채우다', '기록하다'의 뜻이고 assinar는 '서명하다', '사인하다'의 의미이다.
명사는 assinatura이다. 한편 유명(연예, 정치)인이 해 주는 사인은 autógrafo라고 하니 혼동하지
않도록 한다.

Ivete, me dê um autógrafo.　　　　　　이베치, 사인해 주세요.

Pedro Bial, pode me dar um autógrafo?　　뻬드루 비아우, 사인 좀 해주실래요?

✏ **Deu?**

Deu?는 여기서 '주다'의 의미가 아니라 '(어떤 일이) 됐어?'의 의미이다. 그럴 때 같은 동사로 대답
할 때는 역시 Deu(됐어)라고 답해야 함에 유의하자. '일'이므로 1인칭으로 변화하지 않는다.
('되다'의 의미)

Deu? '됐어?' / (어떤 일을 시킨 후) '다 끝났어?' / (대문 여는 버튼을 누른 후) '열렸어?'

– Deu.　　　　　　　　　　　　　　됐어. / 다 끝났어. / 열렸어.

Tudo deu certo.　　　　　　　　　　모든 일이 잘 됐어.

Ainda não deu certo.　　　　　　　　아직 제대로 안 됐어.

Sistematização

직설법 현재형의 명령적 사용

36강에서 접속법 현재형이 você(s)에 대한 명령형의 표현에 사용된다고 하였다. 하지만 실제 회화에서는 직설법 3인칭 현재형태가 명령의 의미로 더 자주 사용되고 있다. 비교하자면, 접속법 형태는 좀 더 공식적인 표현(TV나 광고문구, 문서 등)에 사용되는 반면, 직설법 형태는 사람간의 일반적인 대화에 주로 사용한다고 이해하면 된다.

동사원형	접속법 명령형	직설법 3인칭의 명령적 사용	의미
falar	fale/falem	fala/falam	말하세요, 말해
trazer	traga/tragam	traz/trazem	가져오세요, 가져와
vir	venha/venham	vem/vêm	오세요, 와

(직설법 3인칭 현재형의 일반적 사용)

Você fala bem português?   너는 포어를 잘 (말)하니?

Você traz o seu guarda-chuva todo dia?   너는 매일 네 우산을 가져오니?

Você sempre vem aqui?   너는 항상 여기 오니?

(직설법 3인칭 현재형의 명령적 사용)

Fala sério!   정확히 말해!

Traz o seu guarda-chuva para mim.   나한테 네 우산을 갖다 줘.

Vem aqui! / Vem cá!   이리 와.

Psiu

은행의 현금인출기(o caixa automático) 관련 표현

Coloque o cartão.   카드를 넣어주세요.

Escolha a opção.   거래내용을 선택하세요.

Digite a sua senha.   비밀번호를 누르세요.

Esta senha está inválida.   비밀번호가 맞지 않습니다.

Reinicie a operação.   다시 시삭해 주세요.

A operação está concluída.   작동이 완료되었습니다.

Retire o seu cartão e o extrato.   카드와 거래내역서를 꺼내세요.

Jeitinho

제이칭유

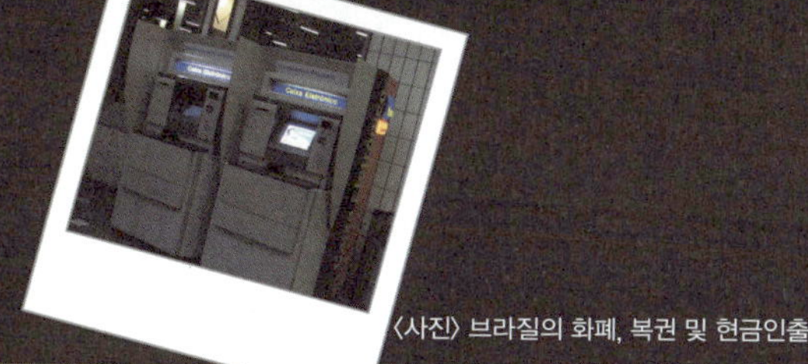

〈사진〉 브라질의 화폐, 복권 및 현금인출기

Informação cultural

브라질 사람들은 제이칭유(jeitinho)라 하여 방법과 술수에 능한 태도를 가지고 있다. 곧 전체적인 규정을 어기고 비공식적인 방법을 사용함으로써 목적을 달성하려는 빠르고 능률적이고 임시방편적인 태도, 혹은 부당함을 정당함으로, 불법적인 것을 합법적인 것으로, 불가능한 것을 가능하도록 만드는 천재적이고 교묘한 수법이라고 이해하면 된다. 이러한 관습으로 인해 규정에 따르기보다는 쉽게 서로 상부상조할 수 있는 요령을 찾아 일처리를 하는데도 익숙하다.

100달러를 헤알로 환전하고 싶어요.
Eu queria trocar 100 dólares por reais.
에우　께리아　　뜨로까르　쎙　돌라리스　　뽀르　헤아이스

38
Lição

은행과 환전소에서 사용하는 어휘들을 익히고 축소형어미에 대해 이해한 후 활용하도록 하자.

Diálogo

A : Quanto está a cotação do dólar?
　　꽝뚜　　　이스따 아 꼬따써웅 두 돌라르

B : No paralelo, R$ 2,50.
　　누　빠랄렐루　　도이스 이 씽꿸따

A : Eu queria trocar 100 dólares por reais.
　　에우 께리아 뜨로까르 쎙　돌라리스 뽀르 헤아이스

B : Apenas 100 dólares?
　　아뻬나스 쎙　돌라리스

A : Sim. Mais uma coisinha, poderia me dar quatro notas de R$ 50,00 e cinco
　　씽　마이스 우마 꼬이징야　뽀데리아 미 다르 꽈뜨루 노따스 지 씽꿸따　이 씽꾸

de R$ 10,00?
지 데스

B : Pois não. Só um pouquinho.
　　뽀이스 너웅 쏘 웅　뽀우낑유

Vocabulário

quanto 얼만큼
cotação (f) 시세
paralelo (m) 시장환율
trocar 교환하다, 바꾸다
apenas 단지
mais 더
coisa (f) 것, 물건, 행동(coisinha는 축소형)
dar 주다
nota (f) 지폐

A : 달러 시세가 어때요?

B : 시장환율로 2.50헤알 입니다.

A : 100달러를 헤알로 환전하고 싶어요.

B : 100달러만요?.

A : 예. 그리고, 50헤알 짜리 네 장과 10헤알 짜리 다섯 장으로 주실 수 있어요?

B : 물론이죠. 잠깐만요.

⦿· Expressão

✐ Quanto está a cotação do dólar?

cotação은 '시세'로, 이 구문은 달러의 시세를 묻는 표현이다. 한편 달러 대 헤알화 환율은 dólar comercial(공정환율), dólar paralelo(시장환율), dólar turismo(관광환율) 등 세가지 기준을 가지고 있다.

✐ Eu queria trocar 100 dólares por reais.　　　　100달러를 헤알로 바꾸고 싶어요.
　　　　 sacar o dinheiro　　　　　　　　　　　　돈을 인출하고 싶어요.
　　　　 depositar esse cheque　　　　　　　　　 이 수표를 입금하고 싶어요.
　　　　 pagar a conta de luz　　　　　　　　　　 전기세를 내고 싶어요.

✐ Mais uma coisinha.

coisinha는 coisa(것, 물건, 행동)에 축소형 어미를 붙여 '작은 것, 작은 물건, 하찮은 일' 등의 의미를 갖는다. 한편 브라질 서비스업계에서 어떤 일 혹은 주문이 끝나거든 '더 필요하신 게 있나요'의 의미로 한번 물어보는 말 Mais alguma coisa?가 있음도 잘 알아두자.

✐ Poderia me dar quatro notas de R$ 50,00 e cinco de R$ 10,00?

지폐는 nota, 동전은 moeda라고 한다. 한편, 몇 헤알 짜리 지폐 몇 장을 달라는 상황의 실제 대화에서는 notas나 reais를 생략하고 쓰는 경우가 많으므로 주의하여 알아들어야 한다.
cinco de dois 2헤알 짜리 5장
dez de cinco 5헤알 짜리 10장

◉• Sistematização

축소형 어미

단어에 축소형 어미가 붙으면 원래의 의미에 '작은'이라는 의미가 첨가되며 상황에 따라 '애정', '강조'의 의미로도 많이 사용된다. 그리고 브라질 사람들은 의미의 변화 없이도 축소형 어미를 습관적으로 많이 사용하는 편이다.

원칙 : 마지막 모음을 빼고 -inho/-inha를 붙인다.
casa – casinha (작은 집)
perto – pertinho (아주 가까운)
pouco – pouquinho (아주 조금)
Beto – Betinho (사랑스런 Beto)

다음의 경우엔 -zinho/-zinha를 붙인다.
끝 음절에 강세가 있는 경우 : café – cafezinho(작은 커피), hotel – hotelzinho(작은 호텔)
끝 음절이 비음인 경우 : homem – homenzinho(작은 남자), mãe – mãezinha(사랑스런 엄마)
두 모음 이상으로 끝난 경우 : rei – reizinho(작은 왕), rua – ruazinha(작은 길)

◉• Psiu

은행 관련 어휘

계좌번호	número de conta	예금청구서	nota de depósito
비밀번호	senha	환전하다	trocar
거래내역서	extrato	금리	juro
잔고	saldo	이자율	taxa de juro
보통예금	conta corrente	수표책	talão de cheques
저축예금	poupança	임시 수표	cheque avulso
인출하다	sacar(tirar) dinheiro	연대보증인	fiador(a)
현금인출기	caixa automático, caixa eletrônico	지로 용지	carnê
예금하다	depositar, fazer o depósito	은행 창구	caixa do banco

달러를 헤알로 바꿀 때 적용되는 환율에는 3가지 종류가 있다. 첫째, 공정환율(dólar comercial)은 수출입 거래나 은행간 거래 때 적용되며 중앙은행에 의하여 엄격히 관리되는 환율이고, 둘째 시장환율(dólar paralelo)은 주로 상인들에 의해 암거래할 때 적용되며 일반인들이 환전소에서 환전할 때 쓰이는 환율, 마지막으로 관광환율(dólar turismo)은 중앙은행에 등록된 환전소에 의해 해외여행을 목적으로 개인이 환전할 때 적용되는 환율이다. 일반적으로 은행이나 호텔보다는 시내의 환전소에서 달러를 바꾸는 편이 유리하다.

Banco e Câmbio

은행과 환전소

이과수폭포(Cataratas do Iguaçu)를 찾은 사람들

39 포스두이과수행을 예약하고 싶어요.   40 복도 쪽 좌석을 원해요.

공항에 가다. :: 이과수폭포에 가려는 Tato. 항공편을 예약하고 공항에 가서 체크인까지 완료. 이제 비행기 탈 일만 남았네~

포스두이과수 행을 예약하고 싶어요.
Eu queria fazer uma reserva para Foz do Iguaçu.

에우   께리아   파제르   우마   헤제르바   빠라   포스   두   이과수

39
Lição

항공편의 예약과 탑승에 관한 어휘들을 익히고 전치사 de를 사용한 주요표현들을 잘 알아 두자.

🎧 Diálogo

A : Eu queria fazer uma reserva para Foz do Iguaçu.
에우 께리아 파제르 우마 헤제르바 빠라 포스 두 이과수

Tem voo nessa sexta de manhã?
뗑 보우 네싸 쎄스따 지 망양

B : Só um minuto. Na sexta, tem vagas às 08:00 pela Tam e às 10:30 pela Gol.
쏘 웅 미누뚜 나 쎄스따 뗑 바가스 아스 오이뚜 뻴라 땅 이 아스 데스 이 메이아 뻴라 고우

A : Eu quero a Tam das 08:00.
에우 께루 아 땅 다스 오이뚜

B : OK. E o senhor também quer fazer reserva de volta?
오케이 이 우 씽요르 땅벵 께르 파제르 헤제르바 지 보우따

A : Quero, para o domingo à noite.
께루 빠라 우 도밍구 아 노이치

B : Vou verificar se ainda tem lugar.
보우 베리피까르 씨 아잉다 뗑 루가르

◐• Vocabulário

reserva (f) 예약	verificar 확인하다
voo (m) 항공편	se ~인지
vaga (f) 빈자리	ainda 아직도
também 또한, 역시	lugar (m) 자리, 장소
volta (f) 돌아옴	

A : 포스두이과수 행을 예약하고 싶어요. 금요일 아침에 항공편이 있나요?

B : 잠시만요. 금요일 08시 Tam항공, 10시 반 Gol항공에 자리가 있네요.

A : 08시 Tam항공으로 하고 싶어요.

B : 좋아요. 그리고 돌아오는 편도 예약하시겠어요?

A : 예, 일요일 밤으로요.

B : 아직 자리가 있는지 확인해 볼게요.

◉∙ Expressão

✎ Eu queria fazer uma reserva para Foz do Iguaçu.

24강에서 언급했듯 '예약하다'에는 fazer uma reserva를 사용한다. 여기서 para는 ~로 가는, 즉 '~행' 이란 의미이다.

✎ Tem voo nessa sexta de manhã?

voo는 '항공편'의 의미로 avião(비행기)의 의미와 구분하여야 한다. '항공편명'은 숫자를 사용하기에 número do voo라고 한다.

✎ Tem vagas às 08:00 pela Tam e às 10:30 pela Gol.

vaga는 '빈자리'를 의미하며, Tam항공과 Gol항공은 현재 브라질의 대표적인 항공사이다.

✎ O senhor também quer fazer reserva de volta?

'편도'는 ida, '왕복'은 ida e volta라고 한다. ir(가다)동사와 voltar(돌아오다)동사를 생각하여 이해하자.

✎ Vou verificar se ainda tem lugar.

se ainda tem lugar에서 se는 '~인지'라는 의미로 '아직 자리가 있는지'의 의미이다.

○• Sistematização

✎ 전치사 de를 사용한 표현

– de fato　　　　　　사실
De fato, ele é uma pessoa fina.　　　　　　　사실 그는 좋은 사람이다.

– de graça　　　　　무료로
Eu dei um celular para ela de graça.　　　　나는 그녀에게 휴대폰을 무료로 주었다.

– de jeito nenhum　　절대 ～아닌
Eu não vou encontrar ele. De jeito nenhum!　난 그를 만나지 않겠다. 절대로!

– de qualquer jeito　　어쨌든
Você tem que acabar ainda hoje de qualquer jeito.　너는 어쨌든 오늘 중으로 끝내야 한다.

– de repente　　　　갑자기, 어쩌면
De repente a temperatura caiu.　　　　　　갑자기 기온이 떨어졌다.
De repente posso ir junto com você.　　　　어쩌면 너와 함께 갈 수 있다.

– de sobra　　　　　여분의
Tenho uma moeda de sobra.　　　　　　　나는 여분의 동전을 가지고 있다.

– de várias formas　　다양한 형태로
Você pode fazer isso de várias formas?　　너는 그것을 다양한 형태로 할 수 있니?

– de vez em quando　가끔
Eu bebo de vez em quando.　　　　　　　나는 가끔 술 마신다.

○• Psiu

✎ 예약(reserva)과 탑승(embarque) 관련 어휘

항공사	companhia aérea		탑승권	cartão de embarque
항공편명	número do voo		여권	passaporte
이름	nome		비자	visto
연락처	telefone de contato		수하물	bagagem
출발일	data de partida		여행사	agência de viagens
도착일	data de chegada		운임	tarifa
출발지	local de partida		확인	confirmação
도착지	local de chegada		취소	cancelamento
편도	ida		환승	transferência
왕복	ida e volta		경유	escala
항공권	passagem aérea		연결편	conexão

Foz do Iguaçu

포스두이과수

Informação cultural

유네스코 세계자연유산이며 브라질과 아르헨티나 양국이 함께 국립공원으로 지정하여 보호하고 있는 이과수폭포(Cataratas do Iguaçu)가 있는 도시이다. 이과수의 어원은 원주민 인디오의 말로 '거대한 강' 이란 뜻으로, 북미의 나이아가라 폭포보다 4배나 크며 그 중 가장 낙차가 큰 폭포를 '악마의 목구멍(Garganta do diabo)' 이라고 부른다. 산을 따라 만들어 놓은 길을 따라 걷다 보면 자연스럽게 이과수의 장관을 맛볼 수 있으며 Macuco safari라는 보트투어를 이용하면 폭포수 가까이 접근하여 이과수폭포의 성스러운 물에 흠뻑 젖을 수 있다. 또한 수력 발전소로는 세계 최대의 출력을 자랑하는 이따이뿌(Itaipu) 발전소가 브라질과 파라과이의 국경 지점인 파라나 강에 위치하고 있으며, 이과수 강을 사이에 두고 브라질, 아르헨티나, 파라과이 3국이 접경을 이루고 있다.

복도 쪽 좌석을 원해요.
Eu queria um assento no corredor.
에우 께리아   웅   아쎙뚜   누   꼬헤도르

40 Lição

공항 및 기내관련 어휘들을 익히고 확대형어미에 대해 이해하도록 하자.

Diálogo

A : Bom dia. Aqui é o balcão da Tam?
봉   지아 아끼 에 우 바우꺼웅 다 땅

B : Sim, senhor. A sua passagem, por favor.
씽   씽요르   아 쑤아 빠싸쩽   뽀르 파보르

A : Aqui está.
아끼   이스따

B : Na janela ou no corredor?
나 쟈넬라   오우 누 꼬헤도르

A : Eu queria um assento no corredor.
에우 께리아 웅   아쎙뚜   누 꼬헤도르

B : Olhe aqui o cartão de embarque. Portão 2, até às nove horas. Boa viagem!
올리 아끼 우 까르떠웅 지 잉바르끼   뽀르떠웅 도이스 아떼 아스 노비 오라스 보아 비아쩽

A : Obrigado.
오브리가두

Vocabulário

balcão (m) 카운터

passagem (f) 항공권, 티켓

janela (f) 창문

corredor (m) 복도

assento (m) 좌석

cartão (m) 카드

embarque (m) 탑승

portão (m) 탑승구

viagem (f) 여행

A : 안녕하세요. 여기가 Tam항공 카운터죠?

B : 예, 손님. 항공권 주십시오.

A : 여기 있어요.

B : 창 쪽 혹은 복도 쪽 어디에 앉으실래요?

A : 복도 쪽 좌석을 원해요.

B : 탑승권 여기 있어요. 2번 탑승구로 9시까지 가시면 됩니다. 즐거운 여행 되세요!

A : 고맙습니다.

● Expressão

✍ Na janela ou no corredor?

비행기 좌석을 고를 때 묻는 질문으로 janela는 '창 쪽', corredor는 '복도 쪽'을 의미한다.

✍ Eu queria um assento no corredor.

일반적으로 '의자'는 cadeira라고 하는데 비해 번호가 쓰여있는 '좌석'의 의미에 assento가 사용된다.

✍ Olhe aqui o cartão de embarque.

passagem (aérea)와 cartão de embarque를 구분하여 알아두자. passagem (aérea)는 여행을 위해 구입한 '항공권'을 의미한다. 요즘은 e-ticket이 일반화되어 사용된다. 한편 공항카운터에서 항공권(e-ticket)을 보여주고 수속을 마친 후 탑승을 위해 받는 것이 cartão de embarque(탑승권, 보딩패스)이다.

✍ Boa viagem!

'즐거운 여행 되세요'라는 의미로 여행가는 사람에게 해주는 가장 일반적인 표현이다. 이런 표현은 명사에 간단한 형용사를 앞에 붙여 사용한다.

Bom fim de semana!	주말 잘 보내세요!
Boa festa!	즐거운 파티 되세요!
Boas férias!	휴가 잘 보내세요!
Feliz Natal!	성탄절 잘 보내세요!
Feliz Ano Novo!	행복한 새해 맞이하세요!

Sistematização

✎ 확대형 어미

단어에 확대형 어미가 붙으면 원래의 의미에 '큰'이라는 의미가 첨가되며 상황에 따라 '훌륭함', '강조'의 의미로도 많이 사용된다. 형태는 축소형 어미에 붙이는 상황과 비슷하다.

원칙 : 마지막 모음을 빼고 -ão/-ona를 붙인다.
tempo – tempão (오랜 시간)
grande – grandão (아주 큰)
solteira – solteirona (노처녀)
Felipe – Felipão (덩치 큰 혹은 위대한 Felipe)

다음의 경우엔 -zão/-zona를 붙인다.
끝 음절에 강세가 있는 경우 : pé – pezão(큰 발)
끝 음절이 비음인 경우 : mão – mãozona(큰 손)
두 모음 이상으로 끝난 경우 : pai – paizão(위대한 아버지)

Psiu

✎ 공항(aeroporto)과 비행기(avião) 기내 관련 어휘

국제공항	aeroporto internacional	맥주	cerveja
국내공항	aeroporto doméstico	포도주	vinho
카운터	balcão	콜라	coca, pepsi
탑승구	portão de embarque	과라나	guaraná
대합실	sala de espera	오렌지주스	suco de laranja
세관	alfândega	신문	jornal
좌석번호	número de assento	모포	cobertor
승무원	comissário/a, aeromoço/a	베개	travesseiro
기장	comandante	이어폰	fone de ouvido
소고기	bife	화장실	sanitário
닭고기	frango	사용중	Ocupado
물	água	비어있음	Livre
커피	café	금연	Proibido fumar
홍차	chá preto	버튼을 누르시오	Pressione o botão
땅콩	amendoim	안전벨트를 착용하시오	Aperte o cinto

Informação cultural

브라질의 항공은 땅(TAM), 골(Gol)등의 대표적인 회사 외에 오션에어(Ocean Air), 웹젯(Webjet), 아줄(Azul) 등의 후발 주자들이 등장했으며, 시간대와 예약날짜에 따라 각기 다른 가격대를 가지고 있으므로 여러 가격을 비교해 본 후 미리 항공권을 구입하는 것이 현명하다. 한편 2008년 6월부터는 대한항공이 주 3회 브라질 노선 운항을 약 7년 만에 재개하였다. 이는 현재 브라질과의 교류가 활발히 이루어지고 있으며 브라질이란 나라에 대한 중요성이 적극 반영된 데 따른 매우 환영할 만한 일이다.

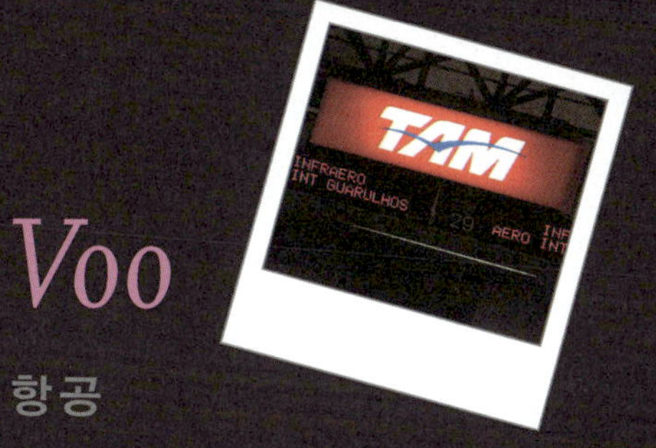

Voo

항공

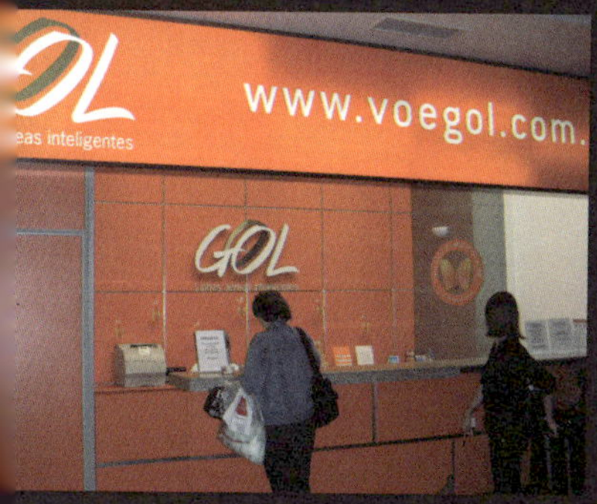

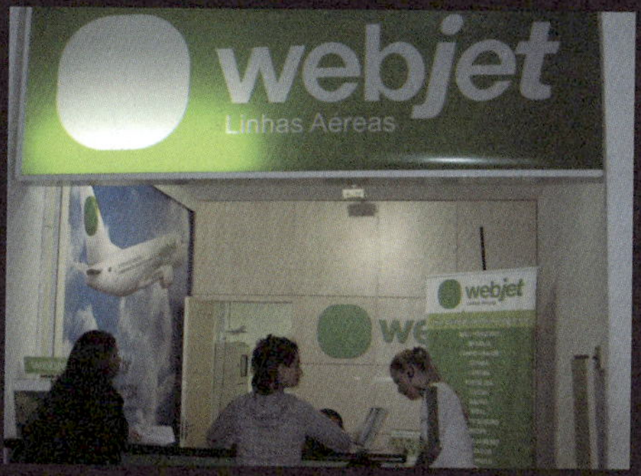

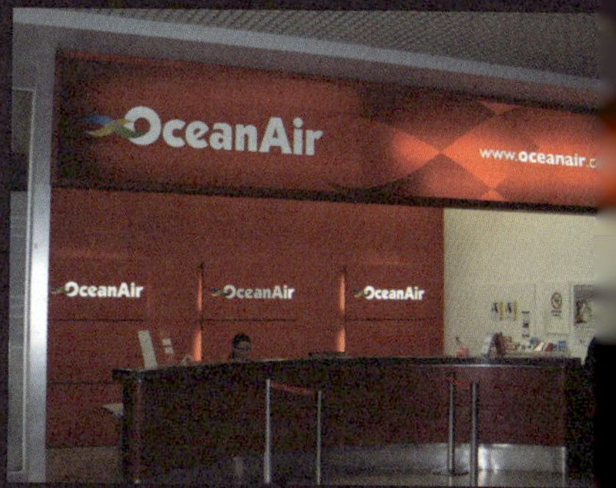

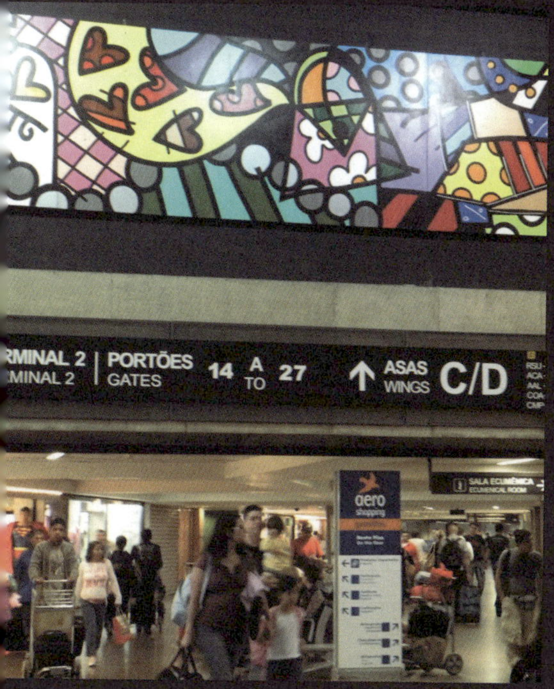

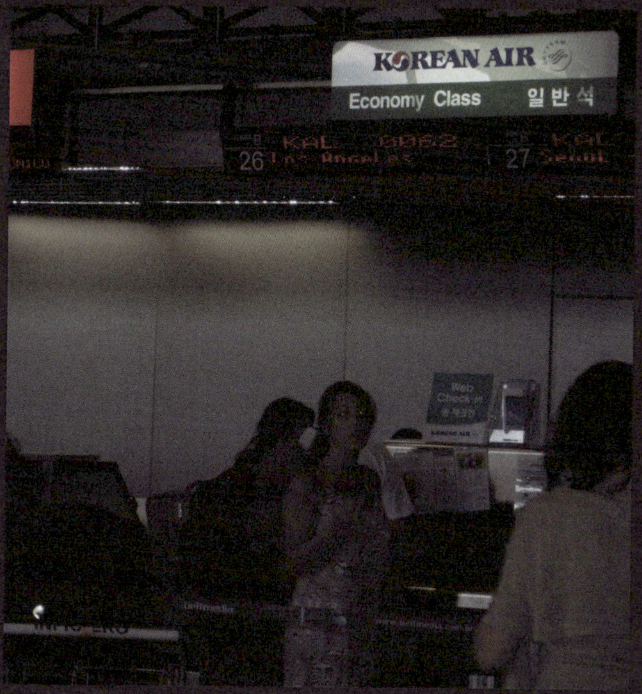

멀리서 바라본 리우데자네이루의 예수상(Cristo Redentor)

TEMA **15**

41 1박에 얼마에요?   42 오늘날짜로 미리 예약했는데요.
43 에어컨이 작동하지 않아요.   44 택시 좀 불러주실래요?
호텔을 이용하다. .: 호텔에 직접 가서 빈 방이 있는지도 물어보고 예약된 호텔에 가서 바로 체크인도 한다. 방에
문제도 있었지만 잘 해결되었고 체크아웃까지 잘 하고 나온다.

1박에 얼마에요? Quanto é a diária?
꽝뚜   에 아 지아리아

41
Lição

호텔관련 기본 어휘들을 익히고 성수의 일치, 특히 muito의 사용에 유의하여 차분히 이해하도록 하자.

Diálogo

A : Tem um apartamento disponível para duas pessoas?
떼 웅 아빠르따멩뚜   지스뽀니베우   빠라 두아스 뻬쏘아스

B : Quanto tempo os senhores pretendem ficar?
꽝뚜   뗌뿌   우스 씽요리스   쁘레뗑뎅   피까르

A : Dois dias. Mas, de repente, podemos ficar três.
도이스 지아스 마스   데 헤뻰치   뽀데무스   피까르 뜨레스

B : Agora só tem um apartamento duplo com vista para o mar.
아고라 쏘 뗌 웅 아빠르따멩뚜   두쁠루 꽁   비스따 빠라 우 마르

A : Que sorte! Quanto é a diária?
끼   쏘르치 꽝뚜   에 아 지아리아

B : É 180 reais por dia com café da manhã incluso.
에 쎙뚜 이 오이뗑따 헤아이스 뽀르 지아 꽁 까페 다 망양 잉끌루주

Vocabulário

apartamento (m) 아파트, 객실

disponível 이용 가능한

pretender ~의 의도를 갖다(pretendem은 3인칭복수 현재)

ficar 머무르다

de repente 어쩌면

duplo 2인실, 두 배의

vista (f) 전망

mar (m) 바다

sorte (f) 운

diária (f) 1박 비용

incluso/a 포함된

A : 2인실로 이용 가능한 방 있어요?

B : 얼마나 머무르실 거에요?

A : 이틀이요. 하지만 어쩌면 사흘 있을 수도 있어요.

B : 지금 바다가 보이는 2인실이 딱 하나 있네요.

A : 운이 좋군요! 1박에 얼마에요?

B : 아침식사 포함해서 하루에 180헤알 이에요.

Expressão

Tem um apartamento disponível para duas pessoas?

disponível은 '이용 가능한', 반대로 indisponível은 '이용 불가한' 의 의미이다.
Este número está temporariamente indisponível.　　이 번호는 일시적으로 이용 불가하다.

Mas, de repente, podemos ficar três.

de repente는 여기서 '아마도, 어쩌면' 의 의미이다. 한편 '갑자기' 라는 의미도 있음을 기억하자.
De repente ele pode ir.　　어쩌면 그가 갈 수 있을 거야
De repente começou a chover.　　갑자기 비가 오기 시작했다.

Agora só tem um apartamento duplo.

quarto는 일반적으로 '침실' 을 의미하는데 반해, apartamento는 '아파트' 라는 의미뿐만 아니라 호텔의 '객실' 을 의미한다. 1인실은 simples, 2인실은 duplo라고 한다.

Quanto é a diária?

diária는 '하루에 드는 비용' 을 뜻하기에 노동자에게는 '일당' 이 될 수도 있으나, 호텔 용어에서는 '1박 비용' 에 해당한다. 한편 diário는 '일기' 라는 의미임에 유의하자.

Sistematização

성수의 일치

포어는 명사의 성과 수에 따라 관사, 형용사, (소유, 지시)대명사, 수사를 일치시켜줘야 한다. 명사가 남성이면 나머지도 모두 남성형으로, 여성이면 나머지도 모두 여성형으로 써야 하고, 명사가 단수면 나머지도 단수, 복수면 나머지도 복수로 일치시켜야 한다.

Aquele menino é meu filho.	저 소년은 나의 아들이다
Eu tenho um filho bonito e inteligente.	나는 예쁘고 똑똑한 아들 한 명을 가지고 있다.
Ele tem duas filhas bonitas e inteligentes.	그는 예쁘고 똑똑한 딸 두 명을 가지고 있다.

항상 혼동하지 말아야 할 것은 muito의 사용이다. muito가 형용사로 사용될 때는 '많은'의 의미로 성수에 맞게 muito/muitos/muita/muitas로 당연히 일치하여야 한다.

Um amigo meu ganhou muito dinheiro.	내 친구 한 명은 많은 돈을 벌었다.
Muitas pessoas vieram aqui.	많은 사람들이 여기 왔다.

한편, 부사로 사용될 때는 '매우'의 의미로 성수에 변화하지 않고 항상 muito이다.

Esse relógio é muito caro.	이 시계는 아주 비싸다.
Essa calça é muito barata.	이 바지는 아주 싸다.

Psiu

호텔 관련 기본 어휘

호텔	hotel	침실	quarto
모텔	motel	객실	apartamento
유스호스텔	albergue	1인실	simples
여관	pousada	2인실	duplo
안내	informação	열쇠	chave
프런트	recepção	침대	cama
예약	reserva	싱글침대	cama de solteiro
지배인	gerente	더블침대	cama de casal
빈방	vaga	추가침대	cama extra

Hotel

호 텔

오늘날짜로 미리 예약했는데요.
Eu já fiz reserva para hoje.

에우 쟈 피스 헤제르바 빠라 오쥐

42
Lição

체크인에 사용되는 어휘들을 익히고 전치사 por를 사용한 주요표현들을 잘 알아두자.

 Diálogo

A : Boa tarde. Eu já fiz reserva para hoje.
보아 따르지 에우 쟈 피스 헤제르바 빠라 오쥐

B : Seu nome, por favor.
쎄우 노미 뽀르 파보르

A : Beto Kim.
베뚜 낑

B : Está confirmado, seu Beto. Aqui está a chave do seu quarto.
이스따 꽁피르마두 쎄우 베뚜 아끼 이스따 아 샤비 두 쎄우 꽈르뚜

A : Qual é o número do meu quarto?
꽈우 에 우 누메루 두 메우 꽈르뚜

B : É 702. Fica no sétimo andar.
에 쎄치 제루 도이스 피까 누 쎄치무 앙다르

A : Tá, obrigado.
따 오브리가두

Vocabulário

fazer 하다(fiz는 1인칭단수 완전과거)

hoje 오늘

confirmado/a 확인된

seu 당신의, ~님(Senhor(Sr.)의 구어체 표현)

chave (f) 열쇠

ficar 있다(fica는 3인칭단수 현재)

sétimo/a /번째

andar (m) 층

A : 안녕하세요. 오늘날짜로 미리 예약했는데요.

B : 이름이요?

A : 베뚜 김 이에요.

B : 확인되었어요, 베뚜님. 여기 방 열쇠가 있습니다.

A : 내 방 번호가 어떻게 되죠?

B : 702호에요. 7층에 있어요.

A : 알겠어요, 고마워요.

◌∙ Expressão

✎ Eu já fiz reserva para hoje.

já fiz reserva는 '이미 예약을 했다'고 확인을 요청하는 표현이다. para hoje는 '오늘로'인데, 이렇듯 전치사 para는 장소뿐만 아니라 시간에도 쓰이는 점을 다시 한번 기억하자.

✎ Está confirmado.

confirmar(확인하다)동사의 과거분사 형태 confirmado는 estar동사와 함께 쓰여 '확인된' 상태를 나타낸다.

✎ Fica no sétimo andar.

층은 서수를 사용하여 표현하기에 7층은 '7번째 층(sétimo andar)'이라고 표현한다.

✎ Tá, obrigado.

여기서 Tá는 Tá bom의 준말, OK의 의미이다. 상대방이 어떤 정보를 주었거나 요구를 했을 때 '알았다'는 의미로, 혹은 내가 상대방에게 같은 의미로 '알았어?'라고 말할 때 Tá는 실제 회화에서 매우 자주 사용된다.

Você me liga mais tarde, tá?　　나한테 좀 있다 전화해, 알았지?
– Tá.　　알았어.
Agora vou na sua casa, tá?　　지금 너의 집에 갈게, 알았지?
– Tá.　　알았어.

◎ Sistematização

✐ 전치사 por를 사용한 표현

– por causa de　　　　　　～때문에
Eu fiquei em casa por causa da chuva.　　　나는 비가 와서 집에 있었다.
– por enquanto　　　　　　당분간
Por enquanto, não quero encontrar você.　　당분간 너를 만나고 싶지 않다.
– por exemplo　　　　　　예를 들면
Eu gosto de música brasileira, por exemplo.　예를 들면 난 브라질 음악을 좋아한다.
– por isso　　　　　　그래서
Por isso estou bem ocupado.　　　　그래서 난 아주 바쁘다.
– por meio de　　　　　　～에 의하여
Eles se comunicam por meio de gestos.　　그들은 제스처에 의하여 의사소통 한다.
– por mim　　　　　　나로서는
Por mim, não tem problema nenhum.　　나로서는 아무런 문제 없다.
– por nada　　　　　　그냥
Eu te liguei por nada.　　　　난 너한테 그냥 전화했다.
– por outro lado　　　　　　다른 한편으로는
Por outro lado, seria melhor descansar.　　다른 한편으로는 쉬는 게 나을 것이다.

◎ Psiu

✐ 체크인(check-in)에 사용되는 어휘

숙박카드	ficha de hospedagem	포터	carregador
이름	nome	팁	gorjeta
성(姓)	sobrenome	룸 서비스	serviço de quarto
국적	nacionalidade	식당	restaurante
성(性)	sexo	아침식사	café da manhã
결혼여부	estado civil		
도착일	data de entrada		
출발일	data de saída		

Morro do Corcovado e Cristo Redentor

꼬르꼬바두 언덕과 예수상

Informação cultural

Tijuca 국립공원 내 해발 706m의 꼬르꼬바두 언덕 정상에 있는 예수상은 브라질을 상징하는 가장 대표적인 건축물로 민간단체인 세계 신(新) 7대 불가사의 재단에 의해 세계 신 7대 불가사의 중 하나로 선정되었다. 이곳에서 사방으로 바라 본 리우의 전경은 이곳이 왜 세계 3대 미항 중 하나인지 확실히 알 수 있게 해준다. 브라질 독립 100주년을 기념하기 위해 1931년에 공식적으로 완성된 높이 38m, 좌우길이 28m, 무게 1145톤의 거대한 동상이다. 자동차나 기차를 타고 입구까지 올라간 후에 엘리베이터와 에스컬레이터를 이용하여 예수상 바로 밑까지 갈 수 있다. 예수상 밑에는 150명을 수용할 수 있는 작은 예배당도 있다.

에어컨이 작동하지 않아요.
O ar condicionado não funciona.
우 아르 꽁지씨오나두   너웅   풍씨오나

43 Lição

호텔 방 안에서 접할 수 있는 어휘들을 익히고 접속법 미래형을 사용한 표현들을 알아두자.

Diálogo

A : Aqui é o quarto 702. Podia passar aqui um pouquinho?
아끼 에 우 꽈르뚜   쎄치 제루 도이스 뽀지아 빠싸르 아끼 웅 뽀우낑유

B : Tem algum problema?
떼 아우궁 쁘로블레마

A : O ar condicionado não funciona.
우 아르 꽁지씨오나두   너웅 풍씨오나

B : Ah, é? Desculpe. Vou subir logo.
아 에 지스꾸우삐   보우 쑤비르 로구

A : Espere aí. Não gostei do quarto. Posso mudar de quarto?
이스뻬리 아이 너웅 고스떼이 두 꽈르뚜   뽀쑤   무다르   지 꽈르뚜

B : Se você quiser. Vou verificar e já vou.
씨 보쎄   끼제르   보우 베리피까르 이 쟈 보우

Vocabulário

poder 할 수 있다(podia는 1,3인칭 불완전과거)

passar 지나가다

tem ~가 있다

algum (a) 어떤

ar condicionado (m) 에어컨

funcionar 작동하다(funciona는 3인칭단수 현재)

subir 올라가다

logo 곧

esperar 기다리다(espere는 접속법 명령형)

gostar 좋아하다(gostei는 1인칭단수 완전과거)

mudar 이동하다, 이사하다

se 만약

querer 원하다(quiser는 1,3인칭단수 접속법 미래)

verificar 확인하다

A : 여기는 702호인데요. 잠깐 여기 좀 들려주실래요?

B : 무슨 문제가 있습니까?

A : 에어컨이 작동하지 않아요.

B : 아, 그래요? 죄송합니다. 바로 올라가죠.

A : 잠깐만요. 방이 맘에 안 들어요. 방을 옮길 수 있어요?

B : 원하신다면요. 확인해보고 곧 가죠.

Expressão

✎ Podia passar aqui um pouquinho?

podia는 poder동사의 1,3인칭 불완전과거 형태인데 여기선 완곡어법으로 사용되어 '~해 줄 수 있어요?'의 의미로 사용되었으며, passar aqui는 '여기를 지나가다' 즉 '여기에 들리다'의 의미로 이해하면 된다.

✎ O ar condicionado não funciona.

não funciona는 어떤 물건이나 기계 등이 제대로 '작동하지 않는다'는 의미로, 상황상 현재분사를 사용하여 진행형으로 não está funcionando라고 해도 된다.

O chuveiro não está funcionando.	샤워기가 작동하지 않아요.
A televisão	TV가
O telefone	전화기가
O frigobar	미니냉장고가
O aquecedor	히터가

✎ Vou subir logo.

subir는 '올라가다'의 의미. 일반적으로 프런트(recepção)는 1층에 있고 그 위로 방들이 있기에 사용 가능한 구문이다. 반의어는 descer(내려가다)이다.

✎ Espere aí.

esperar(기다리다)동사의 접속법 명령형 espere에 aí(거기)가 붙어 직역하면 '거기 기다리세요'이고 상황상 '잠깐만요'에 해당한다. 실제 회화에서는 es의 발음을 보통 하지 않기에 peraí("뻬라이") 한 단어처럼 들린다.

✎ Posso mudar de quarto?

어떤 방에서 다른 방으로 옮길 때는 전치사 de가 필요하다. '생각이나 주제를 바꾸다'에도 마찬가지로 사용된다.

| Eu mudei de ideia. | 생각이 바뀌었다. |
| Vamos mudar de assunto. | 주제를 바꾸자. |

◉ Sistematização

✎ Se você quiser류의 표현

quiser는 querer(원하다)동사의 1,3인칭단수 접속법 미래형. 가정문으로 '당신이 원하신다면' 의 의미이다. 접속법 미래형을 사용한 주요 표현들을 알아두자.

– quando você quiser   당신이 원할 때 언제든지

  Pode me visitar quando você quiser.   당신이 원할 때 언제든지 나를 방문해도 된다.

– quanto você quiser   당신이 원하는 양만큼 얼마든지

  Pode levar quanto você quiser.   당신이 원하는 양만큼 얼마든지 가져가도 된다.

– quantos/as você quiser   당신이 원하는 수만큼 얼마든지

  Pega quantas balas você quiser.   당신이 원하는 만큼 사탕을 집어라.

– quem você quiser   당신이 원하는 사람 누구든지

  Pode encontrar quem você quiser.   당신이 원하는 사람 누구든지 만나도 된다.

– aconteça o que acontecer   무슨 일이 일어나더라도

  Aconteça o que acontecer vou ganhar muito dinheiro.

         무슨 일이 일어나더라도 많은 돈을 벌겠다.

– haja o que houver   무슨 일이 있어도

  Haja o que houver vou ficar com você.   무슨 일이 있어도 너와 함께 있겠다.

– esteja onde estiver   어디 있더라도

  Esteja onde estiver vou pensar em você.   어디 있더라도 너를 생각하겠다

– seja quem for   누구라도

  Seja quem for não pode entrar aqui agora. 누구라도 지금 여기 들어올 수 없다.

◉ Psiu

✎ 호텔 방 관련 어휘

에어컨	ar condicionado	수건	toalha
히터	aquecedor	비누	sabonete
샤워기	chuveiro	거울	espelho
텔레비전	TV, televisão	재떨이	cinzeiro
전화기	telefone	휴지	papel higiênico
미니냉장고	frigobar	담요	cobertor
탁자	mesa	시트	lençol
창문	janela	베개	travesseiro

빈민촌 이라는 의미의 파벨라는 코드코마우, 빙시아우까는 린듬이나 디우 신경의 결우를 넘성하고 있다. 최근 신의 도시(Cidade de Deus)영화의 배경으로 나오면서 세계적으로 유명해졌다. 범죄와 밀접하게 연관되어 마약이 성행하고 폭력이 난무하는 곳이기도 한 게 사실이지만 대다수의 파벨라는 단지 가난한 사람들의 주거지일 뿐이다. 오늘날 리우에만 800여 개의 파벨라가 있는 것으로 추산되며 리우 시민의 20%가 이곳에 거주하고 있다. 가장 유명한 파벨라는 15만 명이 거주하고 있는 호싱야(Rocinha)인데, 요즘은 가이드와 함께 단체로 파벨라를 관광하는 프로그램도 운영되고 있다.

Favela

파벨라

택시 좀 불러주실래요? Pode chamar um táxi para mim?

뽀지　샤마르　웅　딱씨　빠라　밍

44
Lição

호텔 내 시설과 체크아웃에 사용되는 어휘들을 익히고 각 태도의 표출을 위해 쓰는 표현을 잘 알아두자.

Diálogo

A : Vou fazer check-out. Quanto devo pagar?
보우　파제르　쉐까우치　꽝뚜　데부　빠가르

B : Deixe eu ver. Aqui está a conta.
데이쉬　에우 베르 아끼　이스따 아 꽁따

A : Posso pagar com cartão, né?
뽀쑤　빠가르 꽁　까르떠웅 네

B : Aceitamos qualquer tipo de cartão.
아쎄이따무스　꽈우께르　치뿌 지 까르떠웅

A : Pode chamar um táxi para mim?
뽀지　샤마르　웅　딱씨　빠라　밍

B : Sim, senhor. Um momento.
씽　씽요르　웅　모멩뚜

Vocabulário

check-out (m) 체크아웃

dever ~해야만 한다(devo는 1인칭단수 현재)

pagar 지불하다

conta (f) 계산서

cartão (m) 카드

né? 그렇죠?

aceitar 승인하다, 받아들이다(aceitamos는 1인칭복수 현재)

qualquer 어떤 것이든

chamar 부르다

táxi (m) 택시

A : 체크아웃 하겠어요. 얼마를 내야 하죠?

B : 한번 볼게요. 계산서 여기 있습니다.

A : 카드로 지불해도 되죠?

B : 모든 카드를 다 받습니다.

A : 택시 좀 불러주실래요?

B : 예, 손님. 잠시만요.

◉• Expressão

✓ Vou fazer check-out.

check-in(체크인)과 check-out(체크아웃)은 영어식 표현을 그대로 사용한다. 하지만 발음은 브라질 포어식으로 "쉐낑"과 "쉐까우찌"라고 한다.

*영어의 브라질식 발음
knock-out(넉아웃) "노까우찌" ketchup(케첩) "께츄삐"
Big(빅) "비기" Mc Donald(맥도날드) "매끼 도나우지"

✓ Quanto devo pagar?

dever(영어의 must)동사는 ter que(영어의 have to)와 함께 '~해야만 한다'는 의미지만 더 강한 의무감을 표현한다.
10 coisas que você não deve fazer no seu casamento. 결혼식에서 꼭 하지말아야 할 10가지.

✓ Posso pagar com cartão, né?

né?는 não é?의 준말로, 한번 더 확인 차 말하는 상황에서 빈번하게 사용되며 '그렇죠?', '안 그래요'의 의미이다.

✓ Aceitamos qualquer tipo de cartão.

개인이 맘대로 결정하는 것이 아니고 호텔에서 이미 결정된 사항을 말하는 상황으로, 실제로 말하는 사람은 한 명이지만 1인칭복수 aceitamos를 사용하여 공손한 느낌을 준다. 한편 aceitar(승인하다) 동사의 반의어로는 recusar나 rejeitar(거절하다)동사를 사용한다.

◉• Sistematização

✎ 각 태도 표출에 쓰는 표현

자신의 태도를 정확히 표출하려면 각각의 의미에 맞는 표현들을 정확히 알아두고 원활한 의사 표현을
위해 잘 활용하여야 한다.

(1) 의무 : ~ 해야만 한다		Tenho que ~, Devo ~
(2) 당연 : 당연히, 물론		É claro, É lógico, Logicamente
(3) 정직 : 솔직히		Para ser sincero, Francamente
(4) 놀람 : 놀랍게도		Para minha surpresa, Surpreendentemente
(5) 확실 : 확실히, 의심할 여지없이		Com certeza, Certamente, Sem dúvida
(6) 불확실		
	내가 알기로는	Pelo que sei, Se não me engano
	확실치는 않지만	Não posso dizer com certeza mas
(7) 권위		
	내 경험에 의하면	Pela minha experiência
	전문적으로 말하자면	Falando profissionalmente
(8) 안타까움		
	안됐지만	Infelizmente
	후회스럽게도	Lamentavelmente
(9) 실망		
	실망스럽게도	Para minha decepção,
	~해서 조금 실망했다	Fiquei meio decepcionado que ~
(10) 안심		
	안심하세요	Fique tranquilo.
	걱정 마세요	Não se preocupe.

◉• Psiu

✎ 호텔 내 시설 관련 어휘

커피숍	cafeteria
헬스장	academia
수영장	piscina
사우나	sauna
연회장	salão de banquete
비상구	saída de emergência

✎ 체크아웃(check-out)에 사용되는 어휘

요금	preço
계산시	conta
영수증	recibo
현금으로	em dinheiro
카드로	com cartão
수표로	com cheque

Pão de Açúcar

빵지아수까르

Informação cultural

과나바라(Guanabara)만 입구를 지키고 서 있는 빵지아수까르는 해발 396m에 위치해 있으며 해발 224m인 우르까 언덕(Morro da Urca)을 거처 케이블카를 타고 올라갈 수 있다. 케이블카는 1912년부터 운행되기 시작하여 현재는 한 시간에 1,360명의 승객을 운송한다. 빵지아수까르의 이름은 설탕 정제소에서 사용된 도자기 원추형틀과 같이 생긴 언덕의 모양을 따서 19세기에 채택되었다. 그러나 당시 인디오들은 '뾰족한 언덕' 이란 의미의 Pau-nh-Acuqua라고 불렀기에 인디오 발음에서 유래된 것으로도 본다. 정상에서는 예수상은 물론 꼬빠까바나 해변과 이빠네마 해변의 장관을 모두 볼 수 있다.

리우데자네이루의 예수상에서 내려다본 마라까낭 경기장(Estádio do Maracanã)

TEMA **16**

관광하러 나서다. :: 관광안내소에 가서 지도도 얻고 시내투어코스도 묻는다. 명소들을 가보기 위해 이것저것 물어보고 사진촬영도 부탁한다. 브라질은 가볼 데가 어찌나 많은지...

시내투어코스는 없나요?
Não tem um passeio turístico pela cidade?

너웅 뗑 웅 빠쎄이우 뚜리스치꾸 뻴라 씨다지

45
Lição

관광과 관련하여 사용되는 어휘들을 익히고 명사의 성에 대하여 이해한 후 남성, 여성명사의 관계를 정리하자.

🎧 Diálogo

A : Poderia me dar um mapa da cidade?
뽀데리아 미 다르 웅 마빠 다 씨다지

B : Pois não. Aqui ó! Um mapa e um guia turístico.
뽀이스 너웅 아끼 오 웅 마빠 이 웅 기아 뚜리스치꾸

A : Não tem um passeio turístico pela cidade?
너웅 뗑 웅 빠쎄이우 뚜리스치꾸 뻴라 씨다지

B : Tem. Daqui a vinte minutos, o ônibus parte ao lado do posto de
뗑 다끼 아 빙치 미누뚜스 우 오니부스 빠르치 아우 라두 두 뽀스뚜 지
informação.
잉포르마써웅

A : Quanto tempo dura esse passeio?
꽝뚜 뗑뿌 두라 에씨 빠쎄이우

B : Mais ou menos 1 hora. A passagem custa 10 reais por pessoa.
마이스 오우 메누스 우마 오라 아 빠싸젱 꾸스따 데스 헤아이스 뽀르 뻬쏘아

A : Obrigado pela sua gentileza.
오브리가두 뻴라 쑤아 젱칠레자

🔵• Vocabulário

mapa (m) 지도
cidade (f) 도시
guia (m) 가이드북
turístico/a 관광의
passeio (m) 산책
partir 출발하다(parte는 3인칭단수 현재)

posto (m) 소(所)
informação (f) 정보, 안내
durar 지속되다(dura는 3인칭단수 현재)
gentileza (f) 친절

A : 이 도시 지도를 얻을 수 있나요?

B : 물론이죠. 여기요! 지도와 관광안내서.

A : 시내투어코스는 없나요?

B : 있죠. 20분 후에 버스가 관광안내소 옆에
　　서 출발해요.

A : 이 코스는 얼마나 걸리죠?

B : 약 1시간이요. 표는 1인당 10헤알 입니다.

A : 친절하게 설명해주셔서 감사합니다.

●·Expressão

Aqui ó!

ó는 olha(쳐다봐, 봐봐)의 준말로 실제회화에서 aqui(여기)와 함께 빈번하게 사용된다. aqui ó!("아
끼오")는 우리말 '여기요!'의 상황에 자주 쓰이므로 발음상의 유사성을 통해 기억하면 쉽다.

Um mapa e um guia turístico.

mapa는 -a로 끝났지만 예외적으로 남성명사이다. 또한 guia도 우리가 자주 사용하는 '가이드북'의
의미일 때는 남성명사이다. 한편 guia는 가이드(사람)의 의미로도 쓰이는데 가이드가 남자면 남성명
사로, 여자면 여성명사도 써야 한다.

Não tem um passeio turístico pela cidade?

pela(전치사 por + 정관사 a) cidade는 전치사 por의 용법을 통해 '도시 곳곳을 두루 돌아다니는'
의미를 담고 있다.

Daqui a vinte minutos, o ônibus parte ao lado do posto de informação.

daqui a ~는 시간적 의미로 '지금부터 ~후에'의 뜻이고, posto는 '어떤 일을 하는 장소'의 의미로
사용된다.

Daqui a pouco,	잠시 후에
Daqui a meia hora,	30분 후에
Daqui a uma hora,	1시간 후에
Posto de informação turística	관광안내소
Posto de informação do Mercado central	중앙시장 안내소
Posto de gasolina	주유소

◉ Sistematização

✎ 명사의 성

각각의 명사는 기본적으로 남성명사와 여성명사로 구분되어 있으며 형태가 동일한 것이 일부 있다.
관사, 형용사, (소유, 지시)대명사, 수사의 형태도 명사의 성에 따라 일치시켜야 한다.

* 기본적으로 -o로 끝나면 남성, -a로 끝나면 여성

남성 : o carro (차), o dinheiro (돈), o livro (책), o dicionário (사전), o banco (은행)

여성 : a casa (집), a porta (문), a cama (침대), a cadeira (의자), a mesa (탁자)

예외 : o dia (하루), o mapa (지도), o clima (기후), o problema (문제), o sistema (시스템),
　　　 o programa (프로그램), o tema (테마), o diploma (졸업장), o planeta (행성)

✎ 남성명사에 근거한 여성명사의 형태

(1) -o를 -a로 바꾸거나 -a를 붙이는 것

o menino – a menina	소년/소녀	o francês – a francesa	프랑스남자/프랑스여자
o professor – a professora		남자교수/여자교수	

(2) -ão은 -ã, -oa, ona 세가지 형태.

o irmão – a irmã	형제/자매	o patrão – a patroa	남자주인/여자주인
o solteirão – a solteirona	노총각/노처녀		

(3) 뿌리는 같으나 약간 변형된 것

o ator – a atriz	남자배우/여자배우	o rei – a rainha	왕/여왕

(4) 뿌리가 완전히 다른 것

o homem – a mulher	남자/여자	o genro – a nora	사위/며느리

(5) 남성과 여성 형태가 동일한 것

o/a dentista	치과의사	o/a jornalista	기자
o/a cliente	고객	o/a gerente	지배인

◉ Psiu

✎ 관광 관련 어휘

관광안내소	posto de informação turística	단체관광	excursão, pacote
관광여행사	agência de viagens e turismo	나이트투어	excursão noturna
관광버스	ônibus de turismo	안내인	guia
출발지	local de partida	안내책자	guia turístico

마라까낭 경기장은 세계에서 가장 유명한 축구경기장 중 하나로 20만 명까지 수용했던 세계에서 가장 큰 경기장 이기도 하였다. 1950년 월드컵을 위해 건설되어 6월 24일 첫 번째 경기에서 브라질 대표팀은 멕시코를 4대 0으로 완승 하였으나, 한달 후의 결승전에서 우루과이에 2대 1로 패하며 당시의 사회적인 혼란을 야기한 장소이기도 하다. 2007년 판아메리카 경기를 위해 재건축되어 현재는 9만 명을 수용한다. 축구 경기뿐만 아니라 프랭크 시나트라, 폴 매카트니, 마돈나, 롤링 스톤즈, 티나 터너 등 대형스타들의 공연장으로도 활용되었고 교황 요한 바오로 2세의 방문도 있었다.

Estádio do Maracanã

마라까낭 경기장

시내에서 가장 유명한 것이 뭐에요?
Qual é o mais famoso do centro?

꽈우　에 우 마이스　파모주　두　쎙뜨루

주요 관광지에 대한 어휘들을 정복하고 전치사 em을 사용한 주요표현들을 알아두자.

Diálogo

A : Poderia me sugerir os lugares mais interessantes?
뽀데리아　미　쑤줴리르　우스 루가리스　마이스 잉떼레쌍치스

B : Em primeiro, que tal conhecer o centro da cidade?
잉　쁘리메이루　끼　따우 꽁예쎄르　우 쎙뜨루　다 씨다지

A : Boa ideia. Qual é o mais famoso do centro?
보아 이데이아 꽈우　에 우 마이스 파모주　두　쎙뜨루

B : Acho que é aquela catedral enorme.
아슈　끼　에 아껠라　까떼드라우 이노르미

A : Posso entrar agora? Quanto é a entrada?
뽀쑤　엥뜨라르 아고라　꽝뚜　에 아 엥뜨라다

B : Não tenho certeza mas a entrada seria franca.
너웅 뗑유　쎄르떼자 마스 아 엥뜨라다　쎄리아 프랑까

Vocabulário

sugerir 제안하다	entrar 들어가다
lugar (m) 장소	entrada (f) 입장권, 입구, 선불금,
interessante 흥미로운	certeza (f) 확실
conhecer (경험을 통해) 알다	ser ~이다(seria는 1,3인칭단수 과거미래)
centro (m) 시내	franco/a 무료의, 솔직한
ideia (f) 생각	
famoso/a 유명한	
catedral (f) 성당	
enorme 웅장한, 거대한	

A : 가장 가 볼만한 곳들을 좀 제안해 주시겠어요?

B : 먼저 시내를 가보는 게 어때요?

A : 좋은 생각이에요. 시내에서 가장 유명한 것이 뭐에요?

B : 내 생각엔 저 웅장한 성당 같아요.

A : 지금 들어갈 수 있어요? 입장료가 얼마에요?

B : 확실치는 않지만 아마 입장료가 무료일 거에요.

◉∙ Expressão

✐ os lugares mais interessantes. / o mais famoso do centro.

가장 흥미로운 장소들, 즉 '가장 가 볼만한 장소들'과 '시내에서 가장 유명한 것'의 의미로 이와 같은 최상급 표현에는 항상 정관사(o, a, os, as)가 수반되어야 한다.

✐ Em primeiro, que tal conhecer o centro da cidade?

열거하는 상황에서 '첫 번째로'의 의미로 사용되고, 열거하는 상황이 아니더라도 '먼저'의 의미로 사용된다. Em primeiro lugar 혹은 Primeiro라고 해도 같은 의미이다. 한편 que tal는 '~하는게 어때?'의 의미로 o que você acha de~ 라고도 표현할 수 있다.

✐ Quanto é a entrada?

entrada는 '입구', '선불금' 등의 의미도 있으나 여기서는 상황상 '입장료'의 의미이다. 한편 bilhete(표)의 용도에 따라서 passagem(여행권), ingresso, entrada(입장권) 등이 있다.

✐ Não tenho certeza mas a entrada seria franca.

'확실하지 않다'는 표현에 Não tenho certeza를 사용하며, seria는 ser동사의 과거미래형으로 추측의 용법으로 자주 사용된다. 또한 franco/a는 '솔직한'의 의미 외에 '무료의'라는 의미도 있다. 따라서 무료입장은 entrada franca라고 한다.

◉ Sistematização

🖊 전치사 em을 사용한 표현

– em breve　　　　　　조만간
Em breve vou ter mais uma filha.　　　　　　조만간 딸을 한 명 더 가질 것이다.

– em geral　　　　　　일반적으로
Em geral, homens são mais fortes do que mulheres. 일반적으로 남자가 여자보다 강하다.

– em outras palavras　　바꿔 말하면
Em outras palavras, eu odeio ela.　　　　　　바꿔 말하면 난 그녀를 증오한다.

– em perigo　　　　　　위험에 직면하여
Ele estava em perigo com os filhos.　　　　　그는 아이들과 위험에 처해 있었다.

– em primeiro lugar　　첫째, 먼저
Em primeiro lugar, eu quero te agradecer.　　나는 먼저 너에게 감사하고 싶다.

– em relação a　　　　～에 관련하여
Tenho muito trabalho em relação ao projeto.　그 프로젝트에 관련하여 일이 많다.

– em torno de　　　　　대략
A gente se vê lá em torno das oito horas.　　우리 8시경에 거기서 만나자.

– em vez de　　　　　　～대신에
Eu vou cozinhar em vez da minha esposa.　　아내 대신에 내가 요리하겠다.

◉ Psiu

🖊 주요 관광지 관련 어휘(1)

관광지	lugar turístico	사원	templo	산	montanha
명소	lugar famoso	수도원	convento	숲	bosque
유적	lugar histórico			동굴	gruta
공원	parque	해변	praia	섬	ilha
광장	praça	해안	costa	운하	canal
궁전	palácio	바다	mar	만	baía
시청	prefeitura	강	rio	곶	cabo
성당	catedral	호수	lago		
교회	igreja	폭포	cachoeira		

Brasília

브라질리아

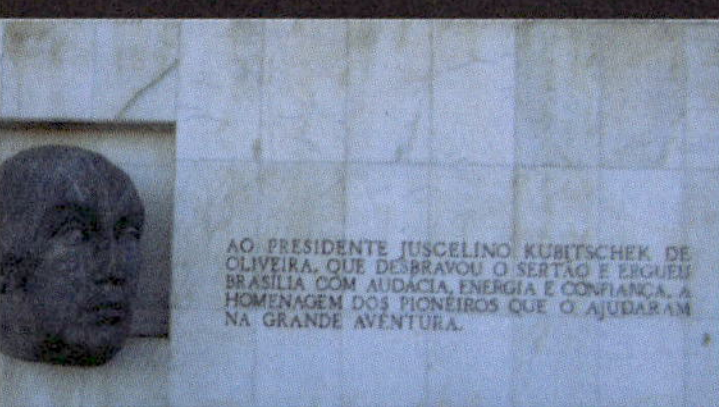

Informação cultural

브라질리아는 '50년을 5년에'라는 기치를 내걸고 경제, 사회 발전을 주도한 주셀리누 쿠비체크(Juscelino Kubitschek) 전 대통령에 의하여 국토의 균형적인 발전을 목적으로 만들어졌다. 브라질의 세계적인 건축가 오스까르 니에메이에(Oscar Niemeyer)에 의해 비행기모양으로 설계되었으며, 거대한 북동부 노동자들(candangos)에 의하여 건설되어 브라질의 수도는 1960년 4월 21일 리우데자네이루에서 브라질리아로 이전하였다. 1987년 도시계획과 현대건축의 본보기로 유네스코 세계유산에 등재되었다. 브라질리아에는 대통령궁, 국회의사당, 연방최고법원이 삼각형을 이루며 비행기 모양 앞부분에 위치해 있고 동체부분에 정부청사, 양 날개 부분에 대사관, 상업지역, 거주지역이 배치되어 있다. 그 밖에 대성당, 쥬셀리누 쿠비체크 기념비, candangos 조형물, TV탑 등이 유명하다.

상파울루 미술관은 어디예요? Onde é o MASP?
옹지 　에 우 마스삐

무료입장에 대한 표현과 함께 전치사 a를 사용한 주요표현들을 알아두자.

Diálogo

A : Onde é o MASP?
옹지　에 우 마스삐

B : O MASP está localizado no centro financeiro de São Paulo, na Av. Paulista.
우 마스삐　이스따 로깔리자두　누 쎙뜨루　피낭쎄이루　지 써웅　빠울루 나 아베니다 빠울리스따

A : Como eu posso ir lá?
꼬무　에우 뽀쑤　이르 라

B : Você tem que pegar o metrô e descer na estação Trianon-Masp.
보쎄 뗑 끼　삐가르 우 메뜨로 이 데쎄르　나 이스따써웅 뜨리아농마스삐

A : A que horas abre?
아 끼　오라스　아브리

B : O horário de funcionamento é das 11 horas às 18 horas.
오 오라리우　지　풍씨오나멩뚜　에 다스 옹지 오라스 아스 데조이뚜 오라스

A : Preciso comprar ingresso?
쁘레씨주 꽁쁘라르　잉그레쑤스

B : Sim. É 15 reais. Mas é grátis para menores de 10 anos e maiores de 60.
씽　에 낑지 헤아이스 마스 에 그라치스 빠라 메노리스　지 데스 아누스 이 마이오리스 지 쎄쎙따

Vocabulário

MASP (m) 상파울루 미술관

localizado/a 위치한

financeiro/a 금융의, 재정의

pegar 잡다, 타다

metrô (m) 지하철

descer 내리다

estação (f) 역

horário (m) 시간표

funcionamento (m) 일의 수행

ingresso (m) 입장권

grátis 무료의

menor 더 작은, 더 어린

maior 더 큰, 더 나이든

A : 마스삐(상파울루미술관)는 어디예요?

B : 마스삐는 상파울루의 금융중심가 빠울리스따 대로에 위치해 있어요.

A : 거기에 어떻게 갈 수 있죠?

B : 지하철을 타고 뜨리아농마스삐 역에 내려야 해요.

A : 몇 시에 열죠?

B : 개장시간은 11시부터 18시까지 에요.

A : 입장권을 사야 하나요?

B : 예. 15헤알 이에요. 하지만 10살 미만과 60살 이상은 무료에요.

●·Expressão

O MASP está localizado no centro financeiro de São Paulo.

MASP는 Museu de Arte de São Paulo의 준말이다. localizado/a는 어떤 건물이 어디에 '위치해 있다'는 의미로 쓰인다.

Você tem que pegar o metrô e descer na estação Trianon-Masp.

pegar o metrô는 '지하철을 타다' 이고, descer는 '내리다' 이다. estação은 '계절' 이란 뜻 외에 '역' 이란 의미도 갖고 있다. 따라서 '지하철 역' 은 estação de metrô라고 하며, 여기서 estação Trianon-Masp는 실제로 MASP 앞에 있는 역의 이름이다.

Mas é grátis para menores de 10 anos e maiores de 60.

menores de 10 anos는 '10세 미만의 어린이', maiores de 60 (anos)는 '60세 이상의 노인' 이라고 이해하면 된다. 한편 grátis는 '무료의' 란 의미로, 동의어 de graça를 쓸 수도 있다. 따라서 '입장료는 무료이다' / '무료입장' 이라는 표현은 다음과 같이 정리된다.

A entrada é franca. / Entrada franca.

= A entrada é grátis. / Entrada grátis.

= A entrada é de graça. / Entrada de graça.

◉·Sistematização

✎ 전치사 a를 사용한 표현

– a favor de　　　　　～에게 유리하게
Essa decisão vai a favor dele.　　　　이 결정은 그에게 유리하다.

– a maior parte de　　　　～의 대부분
A maior parte dos alunos foi à praia.　　학생들의 대다수가 해변에 갔다.

– a não ser que　　　～하지 않는 한
A não ser que você vier aqui, não posso fazer nada.
　　　　　　네가 여기 오지 않는 한 난 아무 것도 할 수 없다.

– a partir de　　　～부터
A partir de amanhã vou trabalhar no banco.　내일부터 난 은행에서 일할 것이다.

– a respeito de　　　～에 관해서는
A respeito do problema, não quero saber agora. 그 문제에 관해서는 지금 알고 싶지 않다.

– a sós　　　　　홀로
A gente quer ficar a sós.　　　　우리는 우리끼리 있고 싶다.

– à toa　　　아무 이유 없이
Você está rindo à toa?　　　너는 아무 이유도 없이 웃는 거야?

– a troca de　　　～와 교환으로
Ela me ajudou na loja a troca de bebida.
　　　　그녀는 음료와의 교환조건으로 상점에서 날 도와주었다.

◉·Psiu

✎ 주요 관광지 관련 어휘 (2)

입장료	entrada	전시장	exposição
개장시간	horário de funcionamento	박람회	feira
박물관	museu	기념비	monumento
미술관	museu de arte, pinacoteca	묘지	cemitério
식물원	jardim botânico	성	castelo
동물원	jardim zoológico	성채	fortaleza
수족관	aquário	탑	torre
		동상	estátua

남미 금융경제의 중심지 빠울리스따 대로는 상파울루에서 가장 번화한 지역으로 넥타이를 맨 사람들을 가장 많이 볼 수 있는 곳이기도 하다. 19세기에는 숲으로 둘러싸인 자그마한 도시 주변 언덕에 불과 하였으나 20세기 들어서면서 이곳은 상파울루에서 가장 살고 싶어하는 지역이 되었고 많은 고급 맨션들과 부자들로 가득 찼다. 현재 빠울리스따 대로에는 Brigadeiro역 주변에 빠울리스따 쇼핑(Shopping Paulista), Trianon-Masp역 주변에 상파울루미술관(Masp), Fiesp 문화센터(Centro Cultural Fiesp), Trianon공원(Parque Trianon) 등이 유명하며 각국의 대사관과 주요기업들도 몰려있다. 한편 여기서 6월에는 게이축제가 열리기도 한다.

Av. Paulista

빠울리스따 대로

우리 사진 한 장 찍어주실래요?
Pode tirar uma foto da gente?
뽀지　　치라르　우마　포뚜　다　젱치

48
Lição

사진과 관련된 표현들을 익히고 복수형 만드는 법에 대하여도 잘 알아두자.

🎧 Diálogo

A : É proibido fotografar aqui?
에 쁘로이비두 포또그라파르 아끼

B : Não, você quer tirar fotos?
너웅 보쎄 께르 치라르 포뚜스

A : Quero. Pode tirar uma foto da gente?
께루 뽀지 치라르 우마 포뚜 다 젱치

B : Claro. Me dá a sua câmera.
끌라루 미 다 아 쑤아 까메라

A : Depois, quero tirar uma foto com você, tá?
데뽀이스 께루 치라르 우마 포뚜 꽁 보쎄 따

B : Tá bom. Gente! Sorriam.
따 봉 젱치 쏘히앙

🔵 Vocabulário

proibido/a 금지된

fotografar 사진 찍다

tirar 찍다

foto (f) 사진

a gente 우리

claro/a 명백한

dar 주다(dá는 3인칭단수 현재, 명령적사용)

câmera (f) 카메라

depois 다음에

gente 사람들, 여러분

sorrir 웃다(sorria(m)은 접속법 명령형)

A : 여긴 사진촬영이 금지되어 있나요?

B : 아니오, 사진 찍고 싶으세요?

A : 예. 우리 사진 한 장 찍어주실래요?

B : 물론이죠. 카메라를 제게 주세요.

A : 그러고 당신과도 한 장 찍고 싶어요, 괜찮죠?

B : 좋아요. 여러분, 웃으세요.

● Expressão

✎ É proibido fotografar aqui?

'사진 찍다' 의미인 fotografar동사는 실제 회화에서는 tirar foto(s)로 더 많이 활용된다. 그리고 É proibido ~는 '~가 금지되어 있다' 는 의미로 Não é permitido ~(~가 허가되지 않았다)로도 사용된다.

(É) proibido fumar.   흡연금지

(É) proibido entrar.   출입금지

(É) proibido nadar.   수영금지

✎ Pode tirar uma foto da gente?

tirar는 원래 있던 상태에서 뭔가를 빼내는 의미로 '치우다, 뽑다, 고르다, 빼다, 제거하다, 벗다, 찍다' 등의 의미로 사용된다. foto는 fotografia의 준말이며 그렇기 때문에 여성명사이다. a gente는 '우리' 라는 의미로 실제 회화에서는 주격인칭대명사 'nós'보다 더 자주 사용된다. 대신 a gente는 3인칭단수로 취급되어 동사변화 함에 유의해야 한다.

A gente quer tirar uma foto.   우리는 사진을 한 장 찍고 싶다.

= Nós queremos tirar uma foto.

✎ Gente,

gente는 일반적으로 '사람들(pessoas)' 이란 의미지만 그들을 부르는 상황에서는 '여러분' 이라는 의미로 사용된다.

Muita gente veio na festa.   많은 사람들이 파티에 왔다.

= Muitas pessoas vieram na festa.

Oi, gente!   여러분 안녕!

= Oi, pessoal!

= Oi, galera!

✎ sorriam.

sorriam은 sorrir동사의 접속법 명령형으로 상대방이 복수이기에 복수로 사용되었다. 한편 '웃다' 라는 의미에는 광범위하게 rir동사를 사용하지만 sorrir동사는 소리 없이 '미소 짓다' 는 의미를 갖는다.

⊙ Sistematização

✎ 복수형

명사가 복수로 쓰이면 관사, 형용사, (소유, 지시)대명사, 수사의 형태도 복수로 일치시켜야 한다. 단수, 복수형태가 동일한 것도 일부 있다.

✎ 단수에서 복수 만드는 법

(1) 일반적인 원칙 : -s를 붙인다.
　　o carro – os carros (차), bonita – bonitas (예쁜)

(2) -m으로 끝난 어휘는 -ns로 바꾼다.
　　o homem – os homens (사람), o jovem – os jovens (젊은이)

(3) -r, -z로 끝난 어휘엔 -es를 붙인다.
　　a mulher – as mulheres (여자), feliz – felizes (행복한)

(4) -s로 끝난 음절에 강세가 있는 어휘엔 -es를 붙이고 강세를 제거한다.
　　o mês – os meses (달), o japonês – os japoneses (일본인, 일본의)

(5) 강세 없는 -s로 끝난 어휘는 단수, 복수 동형이다.
　　o ônibus – os ônibus (버스), simples – simples (단순한)

(6) -al, -el, -ol, -ul로 끝난 어휘는 -l이 -is로 변한다.
　　o móvel – os móveis (가구), azul – azuis (파란)

(7) -il로 끝난 어휘는 -l이 -s로 변한다.
　　o funil – os funis (깔때기), gentil – gentis (친절한)

(8) 강세 없는 -il로 끝난 어휘는 -eis로 변한다.
　　hábil – hábeis (능력 있는), fácil – fáceis (쉬운)

(9) -ão으로 끝난 어휘는 -ãos, -ães, -ões 세가지 형태로 변한다.
　　o irmão – os irmãos (형제), o pão – os pães (빵), o botão – os botões (버튼)

⊙ Psiu

✎ 사진 관련 어휘

사진	foto, fotografia	버튼	botão	필름	filme
카메라	câmera	건전지	pilha	현상	revelação
디지털 카메라	câmera digital	배터리	bateria	렌즈	lente

Salvador

살바도르

환경도시 꾸리치바의 식물원(Jardim Botânico)

TEMA **17**

49 감기에 걸린 것 같아요.   50 배도 안 고프고 식욕도 없어요.

몸이 좋지 않다. — 감기에 걸린 듯 몸이 좋지 않다. 친구의 권유로 병원에 가 본다. 웬만하면 약국에서 해결할텐데...

감기에 걸린 것 같아요. Acho que peguei uma gripe.

아슈　끼　삐게이　우마　그리삐

49 Lição

아플 때를 대비하여 병원관련 어휘들을 잘 알아두고 얼굴과 몸통의 명칭을 익혀두자.

Diálogo

A : Acho que peguei uma gripe.
아슈　끼　삐게이　우마　그리삐

B : O que você sente?
우　끼　보쎄　쎙치

A : Eu estou com febre e muita dor de garganta.
에우 이스또우 꽁　페브리 이 무이따 도르 지 가르강따

B : Já foi ao médico?
쟈 포이 아우 메지꾸

A : Ainda não. Faz três dias que fiquei de cama.
아잉다　너웅　파스 뜨레스 지아스 끼 피께이 지 까마

B : É melhor marcar uma consulta agora mesmo.
에 멜료르　마르까르 우마　꽁쑤우따　아고라　메즈무

Vocabulário

pegar 잡다(peguei는 1인칭단수 완전과거)	**cama (f)** 침대
gripe (f) 감기	**melhor** 더 나은
sentir 느끼다(sente는 3인칭단수 현재)	**marcar** (진료, 약속 등의) 시간을 정하다
febre (f) 열	**consulta (f)** 진료, 진찰
dor (f) 통증	
garganta (f) 인후	
ir 가다(foi는 3인칭단수 완전과거)	
médico/a 의사	
ficar 있다(fiquei는 1인칭단수 완전과거)	

A : 감기에 걸린 것 같아요.

B : 증상이 어때요?

A : 열나고 목이 많이 아파요.

B : 의사한테 가봤어요?

A : 아직 안 갔어요. 침대에서 3일 동안이나 앓았어요.

B : 지금 당장 진료를 예약하는 편이 낫겠어요.

◉• Expressão

✎ Acho que peguei uma gripe.

'감기에 걸리다' 는 pegar동사를 쓰며, estar com ~을 사용하여 '감기에 걸려있는 상태' 를 표현할 수 있다.

Eu peguei gripe ontem à noite.	어제 밤 감기에 걸렸다.
Agora estou com gripe.	지금 감기 든 상태다.

✎ O que você sente?

sentir(느끼다)동사를 사용한 이 구문을 직역하면 '무엇을 느껴요?' 가 되는데, 아픈 사람에게 물어보는 상황에서는 '어떤 증상을 느끼는지' 를 묻는 의미가 된다.

✎ Faz três dias que fiquei de cama.

Faz ... que ~ 용법은 '~한지 (시간적으로) …된다' 는 표현으로, Há… que ~와도 같은 의미이다. 하지만 브라질 포어에서는 발음상 혼동을 일으킬 수 있는 Há 보다는 Faz의 사용을 선호한다.

Faz tempo que a gente não se vê.　　　우리가 못 본지도 오래되었다.

✎ É melhor marcar uma consulta agora mesmo.

É melhor ~는 '~하는 게 낫다' 는 의미로 동사원형을 바로 이어서 쓰면 되며, marcar는 진료, 약속 등의 '시간을 정하다' 는 의미로 사용된다. 또한 agora(지금)는 mesmo로 수식하여 '바로 지금', '지금 당장' 의 의미가 되었다.

✎ dor de ~를 사용한 표현

Eu estou com dor de cabeça.	머리가 아파요
estômago	위(배)가
dente	이(치아)가
garganta	목(인후)이
ouvido	귀(귀속)가

◐ Sistematização

🖌 신체의 명칭(1) : 얼굴과 몸통

머리	cabeça	턱	queixo	턱수염	barba
얼굴	rosto	목	pescoço		
이마	testa	어깨	ombro	뼈	osso
눈썹	sobrancelha	가슴	peito	갈비뼈	costela
속눈썹	pestana	유방	seio	피	sangue
눈	olho	젖꼭지	mamilo	뇌	cérebro
눈꺼풀	pálpebra	배	barriga	인후	garganta
코	nariz	배꼽	umbigo	귀속	ouvido
귀	orelha	허리	cintura	심장	coração
입	boca	남/녀 성기	pênis/vagina	폐	pulmão
입술	lábio	등	costas	위	estômago
혀	língua	엉덩이	bunda, bumbum	장	intestino
이	dente	피부	pele	간	fígado
잇몸	gengiva	털	pelo	방광	bexiga
뺨	bochecha	헤어	cabelo		
여드름	espinha	콧수염	bigode		

◐ Psiu

🖌 병원(hospital) 관련 어휘

진료소	consultório	맥박	pulso
응급실	pronto-socorro	치료	tratamento
구급차	ambulância	수술	operação
전문의	especialista	입원	hospitalização
의사	médico/a	주사	injeção
치과의사	dentista	접종	vacinação
간호사	enfermeiro/a	처방전	receita
환자	paciente	약	remédio
진료	consulta	약국	farmácia, drogaria
체온	temperatura		

사립병원에서 만족할만한 서비스를 받는 사람들은 전체인구의 약 3분의 1인데 반해, 무료 공중보건소나 공중치과 등에서 진찰 받으려는 사람들은 길게 줄을 서야 한다. 긴급한 경우가 발생했을 때는 가까운 응급실, 쁘론뚜소꼬후(pronto socorro)에 가면 무료로 진료를 받을 수 있기에 외국에서 온 학생들이나 빈곤층이 많이 이용하고 있다. 한편 웬만한 질병은 그냥 약국을 찾아 해결하는 사람도 많다. 약국은 어디서나 쉽게 만날 수 있으며 진통제, 해열제, 소화제 등 우리가 일반적으로 잘 아는 약들은 대부분 처방전 없이도 구입할 수 있다.

Hospital e Farmácia

병원과 약국

배도 안 고프고 식욕도 없어요.
Não sinto fome nem vontade de comer.
너웅　씽뚜　포미　넹　봉따지　지　꼬메르

50 Lição

진료할 때와 약을 복용할 때 사용되는 표현과 어휘들을 잘 알아두고 팔과 다리의 명칭 역시 잘 익혀두자.

Diálogo

A : Eu já tomei um remédio para gripe mas ainda estou tossindo muito.
에우 쟈 또메이 웅　헤메지우　빠라　그리삐　마스 아잉다　이스또우 또씽두　무이뚜

B : O que sente mais?
우 끼　쎙치　마이스

A : Não sinto fome nem vontade de comer.
너웅 씽뚜 포미　넹　봉따지　지 꼬메르

B : Vamos dar uma olhada... Vou dar uma receita.
바무스　다르 우마　올랴다　보우 다르 우마　헤쎄이따

A : Obrigado. Vou passar na farmácia.
오브리가두　보우 빠싸르　나 파르마씨아

B : Tome três vezes por dia, meia hora depois de cada refeição.
또미　뜨레스 베지스 뽀르 지아 메이아 오라　데뽀이스　지 까다　헤페이써웅

Vocabulário

tomar 복용하다(tomei는 1인칭단수 완전과거, tome 는 접속법 명령형)

remédio (m) 약

tossir 기침하다(tossindo는 현재분사)

sentir 느끼다(sinto는 1인칭단수 현재, sente는 3인 칭단수 현재)

nem ~도 아닌

vontade (f) 의지

dar 주다

olhada (f) 쳐다봄, 검사

receita (f) 처방전

passar 지나가다. 들리다

farmácia (f) 약국

vez (f) 차례, 번

cada 각각의

refeição (f) 식사

A : 이미 감기약을 먹었는데 아직도 기침을 많이 해요.

B : 또 다른 증상은요?

A : 배도 안 고프고 식욕도 없어요.

B : 한번 봅시다…. 처방전을 드리겠습니다.

A : 고맙습니다. 약국에 들릴게요.

B : 하루 3번 식후 30분에 복용하세요.

◎• Expressão

✐ Eu já tomei um remédio para gripe mas ainda estou tossindo muito.

tomar동사는 '(자기 것으로, 어떤 태도를) 취하다, (교통수단에) 타다, (음료를) 마시다, (약을) 복용하다' 등 다양한 뜻을 가지고 있으므로 상황에 맞게 적절히 사용하여야 한다. 한편 estou tossindo는 진행형으로 현재 지속적으로 '기침하는 중'임을 표현한다. 또한 기침은 tosse(동사는 tossir), 재채기는 espirro(동사는 espirrar)라고 함도 알아두자.

✐ Não sinto fome nem vontade de comer.

nem은 também não의 뜻으로, 우리말의 '~도'가 첨가된 의미이다. 따라서 Não sinto fome (배가 고프지 않다)에 nem vontade de comer('식욕도' 없다)의 의미가 첨가된 것이다.

✐ Vamos dar uma olhada.

Vamos는 ir(가다)동사의 1인칭복수 현재형으로 단독으로는 '가자, 갑시다!(Let's go!)'의 의미, 뒤에 동사가 따르면 '~하자, 합시다!(Let's~!)'의 의미를 갖는 청유형 문장이 된다.
Vamos à piscina! 　　　　　　　수영장에 가자!
Vamos nadar na piscina! 　　　　수영장에서 수영하자!

✐ Tome três vezes por dia, meia hora depois de cada refeição.

tome는 tomar동사의 접속법 명령형으로 '복용하세요'의 의미, por dia는 '하루에', meia hora는 '30분', depois de cada refeição은 '각각의 식사 후'라는 의미로 após as refeições라고 써도 된다.

Sistematização

신체의 명칭(2) : 팔과 다리

팔	braço	약지	anelar, anular
팔꿈치	cotovelo	소지	mínimo
겨드랑이	sovaco		
손목	pulso	다리	perna
손	mão	허벅지	coxa
손바닥	palma	무릎	joelho
손톱	unha	장단지	panturrilha
손가락	dedo	발	pé
엄지	polegar	발목	tornozelo
검지	indicador	발꿈치	calcanhar
중지	médio	발가락	dedo do pé

Psiu

병, 통증, 약 관련 어휘

두통	dor de cabeça	현기증	vertigem	심장발작	ataque cardíaco
위통	dor de estômago	소화불량	indigestão	고혈압	pressão alta
치통	dor de dente	변비	prisão de ventre		
이통	dor de ouvido	설사	diarreia	진통제	analgésico
인후통	dor de garganta	구토	vômito	진정제	calmante
생리통	cólica			해열제	antifebril
신경통	neuralgia	황열병	febre amarela	항생제	antibiótico
충수염	apendicite	콜레라	cólera	아스피린	aspirina
폐암	câncer de pulmão	말라리아	malária	비타민	vitamina
위암	câncer de estômago	결핵	tuberculose	연고	pomada
유방암	câncer de mama	폐렴	pneumonia	요오드액	tintura de iodo
		알레르기	alergia	탈지면	algodão hidrófilo
감기	gripe	화상	queimadura	반창고	esparadrapo
오한	calafrio	염증	inflamação	붕대	bandagem

Curitiba

꾸리치바

Informação cultural

브라질의 대표적인 계획도시 가운데 한 곳이 꾸리치바이다. 브라질에서 가장 살기 좋은 도시 중 하나로, 1995년 세계 12개 모범도시로 선정되어 '희망의 도시'로 명명되기도 하였다. 17세기에 금 채굴지로 처음 건설되어 19세기에 이탈리아, 독일, 폴란드인이 한꺼번에 많이 이주해 오면서 발전한 도시이다. 30여 년에 걸친 도시 계획으로 편리하고 체계적인 버스 교통망을 가졌고 재활용 사업을 바탕으로 한 환경 정책으로 세계적인 환경도시의 명성도 얻었다. 우리나라에 도입된 버스 중앙차선제와 환승시스템에 모델로 작용한 도시이기도 하다.

석양의 아마존 강(Rio Amazonas)

51 여권을 잃어버렸어요.   52 어제 지갑을 도난 당했어요.

긴급한 상황에 처하다. :: 앗 나의 실수! 택시에 가방을 두고 내리다니... 소매치기라도 당한다면 진짜 운 없는 날.

여권을 잃어버렸어요. **Eu perdi meu passaporte.**
에우   뻬르지   메우   빠싸뽀르치

51
Lição

만일에 대비하여 분실과 도난관련 어휘들을 익혀두고 não을 사용한 주요표현들을 잘 활용해 보자.

🎧 Diálogo

A : Que coisa! Eu perdi meu passaporte.
끼   꼬이자 에우 뻬르지 메우   빠싸뽀르치

B : Puxa! Onde?
뿌샤   옹지

A : Não me lembro. De repente deixei minha pasta no táxi.
너웅 미 렘브루   데 헤뻰치   데이셰이 밍야   빠스따 누 딱씨

B : Tem mais alguma coisa lá dentro?
뗑   마이스 아우구마   꼬이자 라 뎅뜨루

A : Meus documentos e alguns livros. O que posso fazer agora?
메우스 도꾸멩뚜스   이 아우궁스 리브루스 우 끼 뽀쑤   파제르 아고라

B : Fazer o quê, né? Vamos perguntar no ponto de táxi ao lado do hotel.
파제르 우 께 네 바무스 뻬르궁따르 누 뽕뚜 지 딱씨 아우 라두 두 오떼우

🔵 Vocabulário

perder 잃다(perdi는 1인칭단수 완전과거)

lembrar 기억하다(lembro는 1인칭단수 현재)

deixar 놔두다(deixei는 1인칭단수 완전과거)

pasta (f) 서류가방

dentro 안에

documento (m) 서류

algum(a) 어떤(alguns는 남성복수형)

perguntar 질문하다

ponto (m) 시섬

lado (m) 옆

A : 아이 참! 여권을 잃어버렸어요.

B : 저런! 어디서요?

A : 기억나지 않아요. 아마도 택시에 내 서류가방을 놓고 내린 것 같아요.

B : 그 안에 뭐가 더 들어있었나요?

A : 내 서류들하고 몇 권의 책이요. 이제 어떻게 하죠?

B : 어쩌겠어요. 일단 호텔 옆의 택시 승차장에서 한번 물어보죠.

◉• Expressão

✓ Que coisa! Puxa!

'이게 뭐야!, 아이 참!, 저런!' 등의 의미를 가지고 있다.

✓ De repente deixei minha pasta no táxi.

de repente는 '아마도', '어쩌면'의 의미로 쓰였으며, deixei는 deixar(놔두다)동사의 1인칭단수 완전과거형으로 '놔두었다' 즉 '놓고 내렸다'의 의미가 된다. 가방은 종류에 따라 명칭이 다른데 pasta는 서류가방, bolsa는 핸드백, mochila는 백팩, mala는 여행용 큰 가방을 지칭한다.

✓ Fazer o quê, né?

어쩔 수 없는 상황에서 자주 사용하는 말로 '어쩌겠어요?'의 의미이다.
Você não quer beber mas fazer o quê, né?　　　당신은 마시고 싶지 않지만 어쩌겠어요?

✓ Vamos perguntar no ponto de táxi ao lado do hotel.

ponto de táxi는 택시들이 대기하고 있는 장소로 '택시 대기소' 혹은 '택시 승차장'으로 이해하면 된다. 거기서 택시를 탔다면 그곳에서 출발한 택시를 수소문하여 잃어버린 물건을 찾을 수도 있다.

◉ Sistematização

✎ não을 사용한 표현

- não adianta   소용없다

  Não adianta ligar para o professor.   교수님에게 전화해봐야 소용없다.

- não dar bola   관심조차 갖지 않다

  Não dá bola para ela.   그녀에게 관심조차 갖지 마라.

- não estou nem aí   신경 쓰지 않는다

  Minha namorada não quer falar comigo mas não estou nem aí.

  애인이 나와 얘기하고 싶어하지 않지만 난 신경 쓰지 않는다.

- não faz mal   괜찮다

  Agora não tenho nenhum dinheiro mas não faz mal. 지금 돈이 하나도 없지만 괜찮다.

- não ligar   상관없다

  Meu marido bebe demais mas eu não ligo.

  남편이 술을 너무 마시지만 난 상관없다.

- não tem jeito   방법이 없다

  Não tem jeito para vencer.   이길 방법이 없다.

- não tem nada a ver   아무 관계없다

  Sou mulher mas isso não tem nada a ver.   난 여자인데 그건 아무 관계없다.

- nem pensar   생각조차 할 수 없는 일이다

  Não trabalho mais com ele, nem pensar.

  그와 함께 더 이상 일하지 않을 거다. 생각도 하기 싫다.

◉ Psiu

✎ 분실(perda)과 도난(roubo) 관련 어휘

도둑	ladrão	서류가방	pasta	경찰서	delegacia
강도	assaltante	백팩	mochila	대사관	embaixada
강도질	assalto	여행용가방	mala	영사관	consulado
부상	ferido	여권	passaporte	신고서	declaração
사고	acidente	현금	dinheiro	증명서	certificado
납치	sequestro	카드	cartão	확인서	comprovante
시갑	carteira	경찰	polícia		
핸드백	bolsa	경찰관	policial		

Porto Alegre

뽀르뚜알레그리

Informação cultural

1755년 과이바 강(Rio Guaiba)의 오른 편에 건설된 뽀르뚜알레그리는 스페인의 침략에 대항하기 위해 브라질 남부에 위치한 포르투갈 군대의 수비대였다. '즐거운 항구'란 의미로 오늘날 히우그란지두술(Rio Grande do Sul)주의 수도이며 주요한 상업항구 도시로 남미공동시장(Mercosur)의 중심지이다. 관광도시는 아니지만 그곳 연방대학교(UFRGS)에 외국인들을 위한 포어 코스가 잘 되어 있고 러시아워를 느낄 수 없는 살기 좋은 대도시로 한국에서 유학생이 가장 많이 거쳐가는 지역이기도 하다.

어제 지갑을 도난 당했어요.
Minha carteira foi roubada ontem.

밍야　　　　까르떼이라　　포이　호우바다　　　　옹뗑

수동태 표현과 함께 주요 형용사와 부사의 반의어 관계를 모두 정복하자.

🎧 Diálogo

A : Minha carteira foi roubada ontem.
　　밍야　　　까르떼이라 포이 호우바다　옹뗑

B : Onde você foi?
　　옹지　　보쎄　포이

A : Eu estava dando um passeio pelo parque.
　　에우 이스따바 당두　　웅 빠쎄이우 뻴루　빠르끼

B : Que azar! Não se machucou?
　　끼　　아자르 너웅　씨 마슈꼬우

A : Graças a Deus, estou bem.
　　그라싸스 아 데우스　이스또우 벵

B : Você tem que ter cuidado, especialmente à noite.
　　보쎄 뗑 끼 떼르 꾸이다두　이스뻬씨아우멩치　아 노이치

🔵 Vocabulário

carteira (f) 지갑

roubado/a 도난 당한

dar 주다(dando는 현재분사)

passeio (m) 산책

parque (m) 공원

azar (m) 악운

machucar-se 다치다(machucou는 3인칭단수 완
　진과서)

graça (f) 은총, 호의

Deus (m) 신

cuidado (m) 주의

especialmente 특히

A : 어제 지갑을 도난 당했어요.　　　　B : 아이고 운도 없지! 다치진 않았어요?

B : 어딜 갔었는데요?　　　　　　　　A : 다행히 괜찮아요.

A : 공원을 산책하고 있었어요.　　　　B : 특히나 밤에는 조심하셔야 해요.

◎• Expressão

Minha carteira foi roubada ontem.

수동태 문장으로 foi roubado/a는 '도난 당했다'는 의미. 즉 Alguém roubou minha carteira(어떤 사람이 내 지갑을 훔쳤다)라는 능동태 문장을 수동태로 쓴 것이다.

Eu estava dando um passeio pelo parque.

dar um passeio는 '산책을 하다'는 의미로 dar uma volta 혹은 passear동사를 사용해도 같은 의미이다. estar동사의 불완전 과거＋현재분사는 과거진행형으로 '～하고 있었다'의 의미이다.

Eu estava tomando banho.	나는 목욕하고 있었다.
Você estava telefonando?	너는 전화하고 있었니?
Nós estávamos estudando.	우리는 공부하고 있었다.
Eles estavam trabalhando.	그들은 일하고 있었다.

Que azar! Não se machucou?

azar는 '나쁜 운'이란 뜻으로, Que azar!(운도 없지! 재수도 없지!)는 Que sorte!(행운이다!)와 반대되는 의미이다. machucar는 재귀대명사와 함께 '다치다'는 의미를 표현한다.

Você se machucou?	너 다쳤어?
Eu me machuquei.	나 다쳤어.

Graças a Deus, estou bem.

graças a Deus는 '신의 은총으로'라는 의미. 그 밖에 자주 쓰는 Deus(신)를 이용한 표현들도 알아두자.

Fique com Deus.	신의 축복 있기를!
Pelo amor de Deus.	제발!
Só Deus sabe.	신만 안다. 모르겠다.
Se Deus quiser.	신이 원한다면. 사정이 된다면.

◉ Sistematização

✎ 능동태에 근거한 수동태 표현

능동태 : A <u>V</u> B
수동태 : B <u>ser+pp</u> (por A)

능동태의 목적어가 수동태에서는 주어가 되며, 능동태의 동사는 수동태에서 'ser+과거분사(pp)' 형태가 된다. 수동태에서 행위자를 나타낼 때는 능동태의 주어를 전치사 por 다음에 쓴다. 수동태에서 동사의 시제는 능동태와 일치하여야 하고 과거분사도 항상 주어의 성수에 일치시켜야 함에 유의하자.

능동태 : Tiago consertou o carro.		찌아구가 차를 고쳤다
수동태 : O carro foi consertado por Tiago.		차는 찌아구에 의해 고쳐졌다.
능동태 : Ele vai abrir a janela.		그가 창문을 열 것이다.
수동태 : A janela vai ser aberta por ele.		창문은 그에 의해 열릴 것이다.
능동태 : Eu estou preparando as comidas.		나는 음식을 준비하고 있다.
수동태 : As comidas estão sendo preparadas por mim.		음식은 나에 의해 준비되고 있다.

◉ Psiu

✎ 주요 형용사, 부사의 반의어

bom – mau, ruim	좋은-나쁜	caro/a – barato/a	비싼-싼
boa – má, ruim	좋은-나쁜	pesado/a – leve	무거운-가벼운
bem – mal	좋게-나쁘게	forte – fraco/a	강한-약한
grande – pequeno/a	큰-작은	novo/a – antigo/a	새로운-오래된
muito/a – pouco/a	많은-적은	jovem – velho/a	젊은-늙은
magro/a – gordo/a	야윈-뚱뚱한	fácil – difícil	쉬운-어려운
perto – longe	가까운-먼	seco/a – molhado/a	마른-젖은
curto/a – longo/a	짧은-긴	tranquilo/a – barulhento/a	
rápido/a – lento/a	빠른-느린		조용한-시끄러운
dopressa – devagar	급하게-천천히	alto/a – baixo/a	
quente – frio/a	뜨거운, 더운-추운		높은, 키 큰-낮은, 키 작은

마나우스는 아마존 강(Rio Amazonas)의 본류인 네그루 강(Rio Negro)과 솔리몽이스 강(Rio Solimões)이 합류하는 지점에 위치하고 있으며, 아마존의 관광거점이 되는 도시이며 1967년 2월 아마존지역 종합개발 및 고용증대를 목적으로 만들어진 자유무역지대로 브라질 북부 최대의 공업지대이다. 아마존은 한반도의 30배가 넘는 면적으로 전 세계 삼림의 30%를 차지하고 있는 '지구의 허파' 이다. 또한 아마존 강은 유수량을 기준으로 할 때 단연 세계 최고이고, 아마존 강 유역은 열대우림 지역으로 수많은 열대 동식물의 낙원이다.

Manaus

마나우스

1967년 브라질 리우데자네이루에서 태어난 마리자 몬치(Marisa Monte)는 브라질의 전통 삼바에 현대의 팝적인 요소를 절묘하게 혼합시켜 브라질 대중음악의 디바로 인정받고 있다. 싱어송라이터이자 많은 스타들과의 합작을 통해 끊임없는 발전을 거듭하였으며 그 중 백미는 까를링유스 브라운(Carlinhos Brown), 아르나우두 안뚜니스(Arnaldo Antunes)와 함께한 프로젝트 그룹 뜨리발리스따스(Tribalistas)이다. 2006년엔 두 장의 정규 앨범, Universo Ao Meu Redor와 Infinito Particular를 동시에 발매하며 월드투어를 시작하여 2007년 6월 한국에서도 공연하며 월드스타로 당당히 자리 잡고 있다. 수 차례 국제적인 음악상 수상과 수 차례의 베스트 앨범 선정의 영예를 얻으며 자타공인 브라질 최고의 여성 뮤지션으로 활동 중이다.

Pra ser sincero (솔직히)

— Marisa Monte

Eu era tão feliz
E não sabia amor
Fiz tudo o que eu quis
Confesso a minha dor
E era tão real
Que eu só fazia fantasia
E não fazia mal
나는 너무 행복했었어 사랑을 몰랐었어
내가 원했던 모든 걸 했어 이제 나의 아픔을 고백해
너무 현실적이어서 단지 상상만 했었고 나쁘지 않았었어.

E agora é tanto amor
Me abrace como foi
Te adoro e você vem comigo
Aonde quer que eu voe
지금은 대단한 사랑
예전처럼 날 안아줘
널 너무 사랑해
내가 날고자 했던 곳으로 함께 가자

E o que passou, calou

E o que virá, dirá

E só ao seu lado, seu telhado

Me faz feliz de novo

O tempo vai passar

지나간 일은 잊고

다가올 일은 말할 거야

단지 네 곁에서 네 품만이

날 다시 행복하게 해

시간은 흘러갈 거야

E tudo vai entrar no jeito certo de nós dois

As coisas são assim

E se será, será

Pra ser sincero, meu remédio é te amar, te amar

Não pense, por favor

Que eu não sei dizer

Que é amor tudo o que eu sinto longe de você

모든 일이 우리 둘 사이에 잘될 거야

세상 일이 다 그렇지 그럴 거야

솔직히 나의 해결책은 바로 널 사랑하는 것

너와 떨어져서 느낀 모든 것이 사랑이라는 걸 내가 말할 줄 모른다고 생각하지 마

***노래는 언어를 배우는 좋은 교보재이기도 하다.
Marisa Monte의 감미로운 노래를 통해 동사의 현재, 완
전과거, 불완전과거, 미래, 접속법 현재, 명령형의 사용에
대해 공부할 수 있다.

❀ Garota de Ipanema (이빠네마의 소녀)

Olha que coisa mais linda
Mais cheia de graça
É ela menina
Que vem e que passa
Num doce balanço, a caminho do mar
저 아름답고 사랑스러운 것을 좀 보라
소녀는 달콤한 걸음으로 다가왔다 바다를 향해 지나가는구나

Moça do corpo dourado
Do sol de Ipanema
O seu balançado é mais que um poema
É a coisa mais linda que eu já vi passar
이파네마의 태양으로부터 그을린 황금빛 피부의 여인
당신의 걷는 모습은 한편의 시 이상이요
내 앞을 지나쳐간 여인 중에 가장 아름답구나

Ah, por que estou tão sozinho
Ah, por que tudo é tão triste
Ah, a beleza que existe
A beleza que não é só minha
E também passa sozinha
아, 나는 왜 이렇게 외로운지
아, 모든 것이 왜 이렇게 슬픈지
아, 아름다운 여인이여
그 아름다운 여인은 내 것도 아니요
홀로 지나가버리고 마네

Ah, se ela soubesse
Que quando ela passa
O mundo inteirinho se enche de graça
E fica mais lindo
Por causa do amor
아, 만일 그녀도 알았더라면
그녀가 지나칠 때
온 세상이 행복해지고 사랑 때문에 더 아름다워짐을.

이빠네마의 소녀 실제모델

〈참고〉 보사노바 최대의 히트곡인 '이빠네마의 소녀'. 보사노바의 창시자로 알려진 Antônio Carlos Jobim(일명 Tom Jobim)이 이빠네마의 한 레스토랑에서 악상을 구상 중이었는데 창 밖으로 너무도 아름답고 젊은 아가씨가 지나갔고 그 아가씨의 모습과 움직임에 영감을 받아 즉석으로 작곡한 곡이다.